사와로 선인장

수필세계사가 만든 우리시대의 수필작가선 111 엄옥례 수필집

우리시대의 수필작가선 111

엄옥례의 사람과 사물의 눈맞춤 이야기

사와로 선인장

수필세계사

작가의 말

　까치밥으로 남은 산수유 열매가 가을 햇살에 더욱 붉다. 결실의 계절에 두 번째 작품집을 엮어 낸다. 바라던 대로 글색이 어둡지 않아 세상으로 보내는 마음이 한결 가볍다.

　글을 쓰다보니 나에게만 쏠렸던 시선이 조금씩 밖으로 향하게 되었다. 세상 사람들과 사물들에게 눈맞춤하며 무럭무럭 피어오르는 그리움과 애처로움, 사랑과 감사의 정서로 글을 지었다.

　누군가에게 닿아 한 자락 미소가 번질 수 있기를!

2024년 입동 무렵
엄옥례

차례

작가의 말

제1부

내 인생의 소울푸드

013   웃음 부자
017   노반석주의 쥐
022   내 인생의 소울푸드
028   C급
032   밥맛
036   중과 등
039   오브신케
043   지금 나의 행복
047   배우며 가르치며

제2부

기지떡

기지떡	053
목화솜 이불	057
노래자	062
시누이	065
그 벤치의 전설	071
모텔에 갔다	074
찢어지겠다	078
팁	082

제3부

명품 사람

089   이런 인연

094   명품 사람

099   달리아 그녀

104   우리 동네 느티나무

108   그 골목길의 기억

112   왜가리의 사냥법

117   2m

122   환상통

127   잔나비를 오마주하다

제4부
구멍

구멍	137
독서종자실	143
눈의 말	148
석장승의 카리스마	153
까치발 기둥	157
낙동강 오리알	162
타프롬사원1	166
타프롬사원2	171

제5부

동바리

179 사와로 선인장

186 동바리

192 웅 어르신

197 최고의 가치

201 중요한 건 화를 푸는 방법이야

205 설탕여자, 소금남자

209 군인들의 소울푸드

213 마기꾼

217 할머니라고?

제1부

내 인생의 소울푸드

- 웃음 부자
- 노반석주의 쥐
- 내 인생의 소울푸드
- c급
- 밥맛
- 중과 등
- 오브신케
- 지금 나의 행복
- 배우며 가르치며

웃음 부자

 의령으로 나들이를 간다. 부자마을의 이병철 생가를 둘러볼 참이다. 목적지로 가던 중, 마을의 배꼽마당으로 보이는 광장에 눈길이 머문다.
 광장에는 금덩이가 주렁주렁 열린 나무가 우뚝하니 서 있다. 상상 속의 돈나무를 연상시킨다. 돈나무 앞에는 '힘들어도 웃어라. 절대자도 웃는 사람을 좋아한다.'는 글귀가 미술 작품으로 꾸며져 있다. 특히 '웃'자는 흥겨워서 팔, 다리를 벌려 춤을 추는 모양새다. 해학적인 서체가 감상하는 이에게 웃음을 자아내게 한다.

웃는 것과 부자는 어떤 연관성이 있기에 한 자리에 놓인 걸까. 설마, 금덩이가 들어오면 웃음이 나온다는 뜻은 아니겠지. 동화 같은 풍경에 의문이 들어 이병철 선생의 일대기를 살펴본다.

자료를 찾던 중, 궁금증을 일으켰던 답이 눈에 쏙 들어온다. 그의 성공을 부르는 십계명 중 첫 번째가 바로 '웃자'라고 한다. 흔히 듣는 부지런해라, 포기하지 마라, 쓰러져도 오뚝이처럼 일어나라 이런 말이 아니었다.

그의 얼굴은 냉철함이 서려 있어 웃음과는 거리가 멀게 느껴진다. 한치의 오차도 용납되지 않는 성정으로 보인다. 그런데 성공을 위한 조건으로 웃음의 가치를 으뜸으로 꼽았다니 대체 무슨 사연이 있는 걸까.

아마도 선생은 부자가 될 수 있는 역량을 다 갖추었지만 약간 부족하다고 느낀 것이 웃음 아니었나 싶다. 냉철함에 웃을 수 있는 긍정의 마음과 감성을 더해주면 완벽할 거로 생각했을 것이다. 잘 웃을 수 있는 부드럽고 정다운 성품이었다면 좀 더 쉽게, 더 크게 성공했을 거라는 아쉬움이 있었으리라. 타고난 성품은 잘 바뀌지 않으니 의식적으로라도 웃어보려고 웃자라는 덕목을 첫째로 삼지 않았을까.

나는 웃음을 술술 흘리고 다니는 사람이다. 그래서 웃음의 가치를 그리 귀한 줄 모르고 산다. 사람들이 웃고 있는 내게 '인상 좋다, 웃는 모습이 예쁘다, 스마일 마스코트가 생각난다, 해피 바이러스를 뿌려준다'고 말한다. 나는 그런 말이 공기처럼 물처럼 별 감흥 없이 들린다. 자신에게 풍부한 것은 귀한 줄 모르는 법이니까.

가끔, 잘 웃는 것에 대해 부정적으로 말하는 사람도 있다. 어쩌다가 듣는 그런 말은 가슴에 와 박힌다. '쉽게 보여진다, 너가 하는 일에 아마추어 느낌을 준다.' 이런 말은 아주 자극적으로 들린다. 잘 웃는 것이 오히려 내게 손해를 끼친다는 생각마저 들게 한다.

하여 나름대로 처방해 본다. 웃음이 줄어들도록 컴퓨터 바탕 화면과 휴대폰 배경 화면에 눈이 시리도록 차갑게 보이는 바다 그림이나, 얼음으로 뒤덮인 겨울 풍경을 깔아두고 냉정한 사람이 되려고 훈련한다. 감성에 냉철함을 갖추면 더 품격 있는 사람으로 될 거라는 생각에서다. 마치 냉철한 부자가 부족한 웃음을 보충하려는 듯 말이다. 내 인생에 더해야 할 것 중 으뜸은 냉철함이라고, 그렇게 되려고 애써보지만 타고난 성품을 어쩔 수 없어서 별 효과를 보지 못하고 있다. 그런 나를 스스로 나무라며 머리를 쥐어박곤 한다.

하지만 부자 마을 앞 광장에 웃으라는 글귀를 보면서, 부자의 성공 어록을 읽으면서 잘 웃는 것에 대한 자부심이 생긴다. 웃음도 하나의 자산이고, 보다 성공한 날을 만들어 갈 수 있는 자양분이라고 하기에. 더군다나 신께서도 웃는 사람을 좋아한다지 않는가.

그러나 웃는 것이 좋은 것이라고 함부로 웃어서는 안 된다. 조심할 부분이 있다. 때와 장소를 가려서 웃는 예의는 반드시 지켜야 한다. 그렇지 않으면 이상한 사람으로 오해받을 수 있다. 그야말로 잘 웃어야 한다.

잘 웃는 사람이 다정하고 너그럽게 보이는 것은 틀림없는 사실이다. 그런 사람 옆에 사람이 모인다. 지금 내가 사람들과 어울렁더울렁 지내고 있는 것도 잘 웃는 탓일 거다.

재산이 많아야 부자이지만, 뭐든 한 가지라도 많이 가진 사람을 우리는 부자라고 부른다. 노력 부자, 흥 부자, 사람 부자, 취미 부자 등 부자가 될 조건은 다양하다. 그러기에 누구나 부자로 불릴 거리를 한 가지쯤 지녔을 것이다. 나는 웃음이 많으니 웃음 부자로는 살 수 있을 것 같다. 혹시나 알 수 없는 일 아닌가. 잘 웃다 보면 정말 돈이 많은 부자가 될지도.

노반석주의 쥐

고운사 산문으로 들어선다. 선계에 들자 두둥실 떠가는 구름이 손에 잡힐 듯하다. 하늘에 닿을 것 같은 고운사는 대 문장가 최치원 선생이 중창하고 수도했던 절이다.

대웅전의 부처님께 삼배 올린 후, 주지 스님이 거처하는 고운대암에 이르렀다. 수상쩍은 석물 하나가 뜰 앞에 서 있다. 노반석주 爐盤石柱다. 노주석이라고도 불리며 야간법회 때 주변을 밝히기 위해 횃불이나 등불을 피워두는 받침대로 쓰인다. 보통은 대웅전이나 탑 앞에 세워져 있는 노반석주가 웬일인지 주지 스님의 처소에서 엄전히 자리하고 있다.

바투 다가서서 노반석주의 위아래를 살펴본다. 안정감이 느껴지는 하대석에 길쭉한 기둥을 세우고 그 위에 불을 피울 수 있도록 쟁반 모양의 상대석을 얹은 구조다.

상대석 가장자리에는 연꽃 문양이 희미하게 피어있다. 가늘게 눈을 뜨고 보니 기둥에도 무엇인가 양각되어 있다. 빛깔도, 기어가는 방향도 다른 쥐였다. 위로 올라가는 쥐는 검은색이고 아래로 내려오는 쥐는 흰색이다. 모양새로 봐서 검은 쥐는 무언가를 갈구하며 낭떠러지 기둥을 근근이 오르는 듯하고, 내려오는 흰쥐는 깨달음을 이룬 해탈의 모습이다. 얼른 보면 해학적이다. 하지만 그저 재미로 조각하지는 않았을 터, 필시 어떤 사연을 품고 있으리라.

불교에서 불빛의 의미란 무엇이던가. 무명無明을 깨우쳐 주는 광명光明의 상징이 아니던가. 사람들이 석등을 돌며 기도하는 것도 빛을 구하기 위해서이다. 노반석주의 쥐도 밝아지기 위해 불빛을 향해 오르는 것이리라. 검은 털이 희게 될 때까지 정진하여 도를 이룸으로써, 내려올 때는 저토록 밝게 빛나는 모습이리라.

불빛을 향해 오르는 쥐의 간절한 마음이 가슴을 파고든다. 십여 년 문학에 몸을 담고 있지만 선뜻 내어놓을 만한 작품 하나 없다. 일만 시간의 법칙으로 치자면 일가一家를 이룰 수 있는 시간임에도 아직 글 한 편 완성할 때마다 끙끙 몸살을 앓는다. 문학 마당에서 보낸 세월로 인해 글을 보는 눈은 눈썹 위로 올라가 버렸고 쓰는 손은 따라주지 못하니 이 또한 고통이다. 수련에 게으름을 피우면서도 글을 잘 쓰는 사람들을 보면 모차르트를 향한 살리에르처럼 열등감에 사로잡힌다. 번뇌망상이 걷잡을 수 없이 들끓을 때면 글을 당장 접어야겠다는 생각마저 든다. 하지만 한동안 글쓰기를 외면하고 지내다 보면 해야 할 일을 미루고 있는 것처럼 가슴 한편이 바위에 짓눌리는 듯하다. 8부 능선에 서서 마음을 거두고 아래로 내려가기도, 깔딱 고개를 넘기도 어렵기는 마찬가지다. 엉거주춤한 상태로 시간을 보내던 차에, 저 노반석주의 쥐를 보니 등짝에 죽비를 얻어맞은 듯하다. 나도 뜻을 이룬 흰쥐가 되고 싶다.

  이곳에서 정진한 최치원 선생은 단지 천재라서 후세에 길이 남는 석학이 된 줄 알았다. 선생이 12세에 당나라 유학길에 오를 때, 그의 아버지는 10년 안에 과거급제를 못 하면 부자의 연을 끊겠다고 했다. 그는 6년 만인 18세의 나이로 당나라의 빈공과에 급제했다. 그리고 무수히 많은 작품을 저술했다. 그는 자신이 천재라서 남들보다 먼저 벼슬길에 오르고 방대한 저서를 집필했다고 생각하는 사람들에게 이렇게 말했다고 한다. "남이 백의 노력을 할 때 나는 천의 노력을 했다."고. 선생은 타고난 천재이면서도 끊임없이 면학정진했던 것이다.

나는 문재를 타고난 것도 아니요, 문학소녀도 아니었다. 인생에 단풍 드는 나이가 될 때까지 문학 동네와 아무 연관이 없는 사업을 하면서 살았다. 웬만해서는 유혹에 넘어가지 않는 나이 불혹을 지날 때, 친구의 손에 붙잡혀 문학세계에 발을 들여놓았다. 뜻밖에도 나는 그만 글 세계에 홀랑 **빠져**버렸다. 글의 가, 나, 다, 라를 익히고 성긴 거미집 같은 글을 지으면서 한동안 문학의 재미를 누렸다. 하지만 몇 년 열을 올리다가 고지에 닿아보지도 못한 채 지갑이 불룩해지는 일에 그만 마음을 **뺏**기고 문학 주변 행사에만 바빠 쫓아다니느라 글쓰기에 온전히 집중하지 못했다. 그러니 글이 탄탄하게 짜여질 턱이 없었다. 겉보기에만 문학 활동이 열심인 나에게 가족들이 말하곤 했다. 이제는 글 쓰는데 도가 통하지 않았느냐고. 그럴 때마다 나는 겸연쩍어 몸 둘 바를 모르면서도 글쓰기 수련은 뒷전이었다.

나는 언제쯤 득도하고 내려오는 쥐가 될 수 있을까. 도를 깨우쳐 만족스러운 작품 하나 아니, 매끄러운 문장 하나 세상에 남길 수 있을까. 최치원 선생은 천재임에도 남이 백의 노력을 할 때 천의 노력을 기울여서 뜻을 이루지 않았던가. 지극히 평범한 나로서는 얼마만큼의 시간과 마음을 기울여야 원이 이루어질 수 있을까. 검은 쥐가 털이 하얗게 되는 시간을 통해 광명을 찾았듯이, 나도 머리에 서리가 하얗게 내릴 때까지 수련을 멈추지 않아야 하리.

손바닥으로 가볍게 이마를 친다. 이제서야 노반석주가 주지 스님의 처소에 좌정한 의미를 알겠다. 옛 선비들은 뜻을 이루기 위하여 대들보에 상투를 매달고 송곳으로 허벅지를 찔러 가면서까지 졸음을 쫓으며 면학정진하였다. 굳게 서원을 세워 수행정진하는 스님도 마구니의 유혹에 흔들릴 때가 있으리라. 그럴 때마다 스님은 저 노반석주의 쥐를 바라보면서 가슴의 들메끈을 조여 맬 것이고, 열중하여 수행을 이어갈 것이다. 그러니까 스님은 틀림없이 열반을 이룰 것이다.

마음속에 저 노반석주를 세워두어야겠다. 딴생각이 고개를 내밀 때마다 노반석주의 쥐를 떠올리며 수련할 것이다. 노반석주를 향해 마음을 모아 합장한다. 해탈을 이루어 하산하는 쥐에게 빙의된 나를 본다.

내 인생의 소울푸드

　내일이면 남편이 멀리 떠난다. 작년부터 지구 저편에 가서 일하다가 휴가를 받아 왔었다. 떠나기 전날, 소문난 곳에 가서 뱃속은 물론, 허전한 마음까지 채울 수 있는 음식을 먹을 요량이었다. 하지만 나는 남편에게 짜장면을 만들어 먹자고 했다. 문득, 그 옛날 남편표 짜장면이 그리웠기 때문이다.
　남편을 만나게 된 것은 친구들과 미팅에 나간 자리에서였다. 그 자리에 나온 사람들은 짝을 맞춘 뒤, 짝끼리 슬금슬금 빠지지 않고 다 같이 어울려 차도 마시고 식사도 하면서 시간을 보냈다. 한

마디로 별 영양가 없는 만남이었다.

　돌아와서 잠을 청하고 있자니 한 사람 얼굴이 천정에 자꾸만 어른거렸다. 내 파트너가 아니라 미팅을 주선한 친구의 파트너였다. 친구에게 넌지시 그가 마음에 든다고 했더니 맨입으로 되겠냐면서도 흔쾌히 내 전화번호를 그에게, 그의 연락처를 내게 전해주었다.

　연락을 기다리다가 지칠 때쯤이었다. 그러니까 미팅 후 한 달이 지날 때, 불쑥 그에게서 연락이 왔다. 그날은 크리스마스이브였고, 오매불망 기다리던 전화를 받기도 해서 걷고 있는 발이 땅에 닿는지, 도무지 알 수 없는 기분이 들었다. 그렇게 남편과 접속이 시작되었다.

　사귀는 동안 약속을 잡으려면 그가 근무하는 회사에 내가 연락하거나 그가 우리 집으로 전화를 걸었다. 그런데 만난 지 한 해가 꽉 차도록 그는 집 전화번호를 알려주지 않았다. 내가 먼저 호감을 보내서 이루어진 만남이었기에 내가 그에게 썩 마음에 들지 않는 것으로 짐작됐다.

　좀처럼 관계의 진도를 빼지 않는 그의 태도와 부모님의 강요로 나는 몇 군데 선을 보기도 했다. 하지만 마음속에 한 사람이 자리 잡고 있었으니 그야말로 선은 '답정너'였다. 그저 형식적으로 선을 보고 끝냈다.

그때 남편은 삼십 대 초반이었으며, 나는 이십 대 후반이었다. 둘 다 그 시절 남자, 여자들의 혼기를 훌쩍 넘긴 나이였다. 내 친구들과 그의 친구 중 미혼은 우리 둘밖에 없었다. 우물쭈물 시간만 보낼 수가 없었다. 그가 나를 집에 초대하겠다는 것보다 오히려 까마귀 머리가 하얗게 쇠는 것이 더 빠를 것 같아서 나이를 더 적게 먹은 내가 장난기를 부리며 그의 집에 가고 싶다고 보챘다.

그의 집은 달동네에서도 달을 가장 가까이 볼 수 있는 곳에 있었다. 시내에 그런 동네가 있는 줄 몰랐다. 지금은 아파트가 들어섰지만, 한국전쟁 후 피란민을 위해 지어졌다는 판자촌이었다. 그의 식구는 슬레이트를 인 나지막한 집에 부엌 딸린 방 하나를 세얻어 살고 있었다. 일명 '하꼬방'으로 불리는 집이었다. 거기에는 뇌종양 수술을 받고 누운 어머님과 직장에 다니면서 한창 멋을 부리는 여동생과 고등학교에 다니는 까까머리 남동생이 함께 살고 있었다.

내가 온다는 것을 미리 알고 있어서인지 초라한 방은 나름대로 정리가 된 듯했다. 사방을 둘러보아도 집에는 전화기가 없었다. 인사만 하고 나오려는데 어머님께서 빈 입으로 보내면 서운타며 짜장면이라도 시켜서 먹고 가라 했다. 내가 손사래를 치며 일어서

자 극구 만류하는 바람에 예의가 아닌 듯하여 주저앉고 말았다.

  사는 형편으로 보아 배달시켜 먹는 것은 큰 민폐가 될 것 같았다. 소매를 걷어붙이고 부엌으로 갔다. 이번에는 그와 여동생이 방으로 내 등을 밀었다. 여동생이 짜장라면을 사 오는 동안 그는 파, 양파, 당근, 양배추를 곱게 다졌다. 칼질 솜씨가 아주 어색하지는 않았다. 그가 초등학교 때부터 홀로 된 어머님은 밖으로 일하러 다녔기에 동생들을 챙겨 먹이느라 몇 가지 음식은 어렵지 않게 할 수 있다고 했다. 다진 채소를 기름과 짜장으로 볶아서 소스를 만들고 짜장라면을 삶아 물을 뺀 뒤, 그릇에 담고 볶아놓은 소스를 얹었다.

  남동생이 두레상을 펴고 행주로 쓱쓱 닦았다. 세상에서 유일한 수제 짜장면과 김치를 차려놓고 식구들이 빙 둘러앉았다. 좋은 음식을 대접하지 못해서 미안하다며 어머님은 삭정이 같은 손으로 내 손을 덥석 잡아주었고, 그는 겸연쩍은 표정을 지었다.

  정성 들여 준비한 짜장면을 입에 넣는 동안 만감이 교차했다. 그의 길고 하얀 손으로 봐서 집을 방문하기 전까지는 이토록 궁핍한 형편인 줄 몰랐다. 더군다나 어머님도 큰 병으로 편찮다는 것을 알게 되었다. 결혼하게 되면 당연지사 식구들이 다 같이 살 수밖에 없는 상황도 짐작할 수 있었다. 그가 집 전화번호를 알려주지 않은 사정과 나와의 연애에 미적지근한 자세를 유지하는 연유를 알게 되었다. 의문은 풀렸으나 관계를 이어가야 할지, 말아야 할지 궁리하느라 머릿속이 복잡해졌다.

　마음 한편이 짓눌리는 듯했지만 상냥하게 인사를 하고 골목으로 나왔다. 열닷새 둥근달이 구름 속을 헤치고 얼굴을 쑥 내밀었다. 달동네 배꼽마당이 달빛으로 훤해졌다. 달빛 때문이었을까, 마음이 한결 가벼워져서 그가 잡아당기는 손을 뿌리치지 못했다. 부드러운 그의 손길이 포근하여 포옹도 하고 입도 맞추고 말았다. 짜장면조차 시켜 먹을 수 없는 형편일지라도 사랑하는 마음은 달아나지 않았다. 결국, 그와 함께 삶을 연주하기로 마음을 굳혔다.

　우리 집에도 그를 선보였다. 사정을 들어본 가족은 예상대로 달가워하지 않았다. 아버지만 내 고집에 항복했다. 편한 자리 다 밀어내고 고생길이 훤히 보이는 길을 택한 딸을 끝까지 말렸던 엄마가 결국 고함을 치며 폭발했다.

"매친년, 얼굴만 쳐다보고 살끼가?"

　눈을 치뜨며 한방 고함을 날리더니 승낙 아닌 승낙을 해 주었다.

　남편에게 살짝 말했었다. 동반자가 되기로 마음먹은 이유 중 하나는 그날 정성을 다해 마련해준 짜장면 덕분이었다는 것을. 가족에게 인사만 시키고 밖으로 나가서 밥을 사 먹을 수도 있었다. 하지만 형편대로 집에서 음식을 만들어 식구들에게 먹일 줄 아는 그 마음 씀씀이와 소박한 음식을 정답게 먹는 식구들의 모습에 가슴이 아릿하면서도 뭉클했기 때문이라는 것을.

지금은 짜장면을 백그릇도 사먹을 수 있는 형편이 되었다. 하지만 그날을 생각하며 손수 해 먹자 하니 남편이 나보다 먼저 앞치마를 당겨서 입는다. 외국 음식이 입에 맞지 않아 직접 요리하는 솜씨를 발휘하겠다고 나선다. 나는 남편에게 앞치마 끈을 살며시 매어 주고 냉장고에서 양파, 대파, 감자, 계란, 쇠고기를 꺼낸다. 남편은 재료를 다지고 볶는다. 식구 수만큼 계란과 짜장라면도 삶는다. 고명으로 올릴 오이채도 썬다. 쉐프가 따로 없다.

결혼 후, 봄꽃이 서른 몇 번 피고 졌다. 예전, 그 달동네 집에서 남편표 짜장면을 먹었던 추억이 아슴아슴 피어오른다. 그때 두레상에 앉았던 식구 중에 어머님은 얼마 전에 세상을 떠나셨다. 여동생은 외국에서 기반을 잡고 식구들을 그곳으로 불러 일자리를 마련해 주고 있다. 지금 식탁에 앉은 식구는 남편과 나, 아들 둘이다. 짜장면에 얽힌 사연을 도란도란 나눈다.

이별이 코앞이라 쌉싸름한 마음이 밀려든다. 하지만 지금 먹는 이 짜장면이 인생의 소중한 추억이 되기를, 고비가 닥칠 때마다 힘을 얻을 수 있는 영혼의 음식이 되기를!

C급

 물건의 품질을 평가할 때 흔히 A, B, C로 등급을 매긴다. 물건뿐만 아니라 사람의 외모나 능력도 그렇게 평가하는 경우가 있다.
 댄스 교실에서였다. 티 타임이 끝나고 회원들은 일제히 댄스모드로 돌입했다. 건강을 위해 시작한 댄스가 장기자랑 대회에 출전을 목적으로 바뀌다 보니 다들 결연한 마음이 장착되었다. 하지만 나는 오늘 들어 온 회원과 간식을 들며 유유자적 노닥거리고 있었다. 그때, 이번 달에 입문해서 댄스에 막 불붙기 시작한 회원이 우리를 향해 외쳤다.

"어이, C급들 얼른 와서 연습하지!"

순간, 회원들은 일제히 웃음을 터트렸다. 그 회원은 춤 실력이 제자리걸음인 나와, 춤맛을 본 지 얼마 안 되는 자신과 방금 들어온 회원을 두고 C급으로 분류한 것이다.

음치, 박치에 몸치인 나는 스스로 댄스를 시작한 것이 아니다. 문학 동아리에서 건강에 대한 이야기를 나눌 때 누군가 단체로 댄스를 하자고 제안하는 바람에 느닷없이 댄스에 발을 들여놓게 되었다.

그룹사운드 아바의 '수퍼 투루퍼'에 맞춰 춤을 배웠다. 음악의 흐름에 따라 춤사위가 달랐다. 빠지지 않고 참여하는 동료들은 동작을 놓치지 않고 구사했다. 가끔 참석하는 나는 움직임이 서툴 뿐만 아니라 흘러가는 순서조차도 다 기억하지 못했다. 그냥 그 시간을 즐기려는 마음뿐 매끄럽게 춤을 춰보려는 애살이 생기지 않았다. 그러니 춤 솜씨가 나아질 리 만무했다. C급 판정은 당연했다.

십여 년 전에도 C급으로 분류된 적이 있었다. 지금 직업으로 하고 있는 독서치료사 공부를 처음 배울 때였다. 평범한 가정주부였던 나는 친구 따라 장에 가는 식으로 독서 치료사 자격증 반에 입문하게 되었다. 모인 사람들은 대부분 국문학과나 도서관학을 전공한 사람들이었다. 더러는 석사과정을 마친 사람도 있었다. 자기소개를 들어보니 면면이 책에 대한 일가견이 있었다.

자격증 과정을 마친 뒤, 회장이 일자리를 분배했다. 알게 모르게 회원들의 실력도 A, B, C로 등급을 매겼다. 급이 높으면 좀 더 큰 기관과 강사 수당이 많은 곳에 배치시켰다. 나는 C급으로 분류되었다. 내가 맡은 일은 전부 무료로 봉사하는 일이었다. 회장은, 봉사로 경험을 쌓아서 수당 받는 자리로 가면 된다고 격려했다. 나도 봉사활동이 도움 되어 좋다고 말했지만, 가슴 밑바닥으로부터 섭섭함이 차올랐다.

서운함이 큰 만큼 A급이 되고 싶은 열망도 간절했다. 밤을 밝히며 독서 치유와 관련된 책을 두루 섭렵했다. 활자 중독에 걸린 것처럼 여러 장르의 책도 함께 읽었다. 지방에서 열리는 학회에도 빠짐없이 참석했다. 집안일 뒷전으로 미루어 식구들로부터 타박을 받으면서도 의지를 꺾지 않았다. 그 옛날 학창 시절에 이런 열정이 있었다면 내 인생이 얼마나 달라졌을까 자책하면서 관련 공부에 열을 올렸다.

십여 년이 지난 지금 나만의 컨텐츠로 다양한 기관에서 활동하게 되었다. 재능기부를 할 때도 있고, 과분할 만큼 수당을 받기도 한다. 몇 년 전부터 독서 치유 강사라면 누구나 참여해 보고 싶은 단체에서 입문 시절 지도해 준 선생님들과 함께 강사 활동을 하고 있다. 내가 지도했던 대상자들의 만족도가 높아 워크숍에서 사례 발표도 하고 있다. 드디어 나도 A급이 된 것이다.

어쩌나. 댄스도 A급이 되려면 C급 판정에 약이 바짝 오르고 애가 달아야 하는데, 그런 감정은 손톱만큼도 들지 않았다. 공개적으로 C급이 되었는데 남의 이야기마냥 웃음이 터졌다. 절묘한 호칭이라는 생각이 들어 그 상황에 손뼉까지 쳐댔다. 그러니 댄스로 빛나는 건 물 건너 간 셈이다.

밥맛

얼마 전, 동아리 회원들과 라이브 카페라는 곳에 갔었다. 카페는 풍광 좋은 금호강을 배경으로 하고 있었다. 형형색색의 불빛으로 빛나는 강을 바라보며 저녁도 먹고 맥주도 한잔씩 곁들였다.

식사하는 동안 젊고, 핸섬하고, 센치해 보이는 카페 주인이 음악을 연주해 주었다. 연달아 몇 곡을 들려주었는데 좋게 말하면 고상하고 좀 더 정직하게 말하면 기분을 가라앉게 하는 곡 일색이었다. 무대 앞, 노래 값을 넣는 통이 가득해지려면 손님의 흥을 돋워줘야 할 텐데 뜻밖이었다.

음악을 감상만 하기에는 시간이 아까웠다. 회원들에게 노래를 부르자고 제안했다. 곡이 수록된 책을 눈앞에 갖다줘도 회원들은 노래를 신청하지 않았다. 다들 뜨뜻미지근한 표정으로 턱을 괴고 앉아 있었다.

하는 수 없이 총무인 내가 먼저 나섰다. 음치 박치에 고음 불가인 나는 남들 앞에서 웬만해서는 노래를 부르지 않는다. 어머니께서 "얘야, 너는 어디 가서 노래는 하지 마라."고 하신 말씀을 받들기에 말이다. 그럼에도 분위기를 띄워야 하는 전사의 마음이 들어 무대에 있는 우스꽝스러운 가발을 쓰고 설운도의 '사랑의 트위스트'를 불렀다. 박자 음정 다 무시하고 목소리를 있는 대로 내질렀다. 회원들은 그제야 웃음을 터뜨리며 하나, 둘 무대로 나와 노래를 신청했다.

돌아오는 길에 회원들은 카페 주인이 '밥맛'이라고 했다. 카페 주인이 아티스트라는 자부심 때문인지 고고한 체하면서 손님의 기분을 영 못 맞춰준다는 것이었다. 우리 중 그 카페를 다시 찾을 사람은 아무도 없을 것 같다.

나도 밥맛이라는 소리를 들었었다. 피치 못할 사정으로 잠깐 당구장을 운영한 적이 있었다. 이십 년 넘게 살아 온 동네에 가게가 있어서 드나드는 손님은 대부분 낯익은 사람들이었다. 동네 나들

목 위치에 있다 보니 손님들은 굳이 당구를 치지 않더라도 참새가 방앗간 드나들 듯 오고 갔다.

종종 단골손님들이 낯선 사람을 데리고 오곤 했다. 따라온 손님 중에는 내게 커피 한잔하자, 식사 한번하자며 장난을 거는 이도 더러 있었다. 그럴 때면 단골손님은 같이 온 사람에게 나를 이렇게 소개했다. 책을 쓰는 사람, 또는 시인이라고. 그러면 낯선 손님은 더 이상 말을 잇지 않고 당구대로 가버렸다.

낯선 손님의 겸연쩍어하는 모습을 나는 이렇게 읽고 있었다. 쉽게 접근했다가 글 쓰는 사람이라고 하니 고상하고 품위 있는 사람으로 여겨져 어려워서 그러는 줄 알았다. 하지만 내 해석이 착각이라는 것을 나중에야 알게 되었다.

어느 날, 또 다른 단골손님이 낯선 손님과 같이 왔다. 카운터로 오는 낯선 손님에게 의례적으로 당구공과 장갑을 내주었다. 그는 카운터에 꽂혀있는 책을 보며 내게 뜬금없이 책을 많이 읽느냐고 물었다. 자신도 독서를 즐긴다면서 대화가 통하는 사람끼리 차 한잔하면 좋겠다고 했다. 내가 어색한 태도를 보이자, 옆에서 자신의 당구봉을 손질하던 단골손님이 "고마해라. 사장님은 작가니라." 하며 당구대 쪽으로 그의 등을 밀었다.

그 팀이 게임을 마치고 나갔을 때였다. 게임비를 받아 넣고 보니 계산대 위에 손수건이 떨어져 있었다. 잰걸음으로 전해주러 나갔는데 내가 뒤에 있는 줄도 모르고 낯선 손님이 단골손님에게 이렇게 말하는 것이었다.

"당구장 여자 정말 밥맛이다. 안 그렇나?"

당황스러워 손수건을 건네주지도 못했다. 착각이 깨어지는 순간이었다.

지금 생각해보면 참 우스꽝스러운 나였다. 장사를 하면서, 더군다나 서비스에 따라 수입이 달라질 수 있는 입장이면서 그렇게 꼬장꼬장하게 굴 일은 아니었다. 농담을 걸 때 한 술 더 떠서 맞장구를 쳐줬더라면 손님의 기분도 상하지 않게 되고, 단골손님으로도 만들 수 있었는데 말이다.

카페 주인과 나, 음악을 하든 글을 쓰든 장사를 하는 사람이다. 영업을 하는 사람에게는 무엇보다 수익을 올리는 것이 미덕이다. 주머니가 두둑해지려면 고상한 척할 일이 아니라 손님의 기분을 살펴서 맞추어 주고 그들과 어우러져야 하는데 그렇지 못했다. 밥맛이라는 말이 지당하다.

중과 등

요즘 정치계에서는 한 음절의 단어로 인해 회오리바람이 불고 있다. 그 낱말은 바로 '등'과 '중'이다. 딱, 한 글자로 인해 '검수완박'이 '검수원복'으로 되돌아갈 판국이다.

일명 검수완박은 검찰의 수사권을 대폭 축소하기 위한 법이다. 기존 6대 범죄에 해당하는 부패, 경제, 선거, 공직자, 방위산업, 대형 참사에 대한 범죄를 수사할 수 있었다. 그랬던 것을 축소하여 부패와 경제 쪽만 수사할 수 있게 하는 법이다.

입법 당시의 법안에서는 검찰은 부패, 경제 범죄 '중' 대통령령으로 정하는 중요 범죄만 수사할 수 있다는 것이었다. 그러나 법안을 통과시키는 과정에서 검찰은 부패, 경제 범죄 '등' 대통령령으로 정하는 중요 범죄를 수사할 수 있다고 '중'이 '등'으로 바뀌어서 의결된 것이다.

'중'과 '등'은 어떤 의미를 지니고 있을까. 중은 나열한 것 가운데서 선택된 것이라는 뜻이고, 등은 열거한 것 외에도 같은 종류의 것을 더 할 수 있음을 나타내는 말이다. 잘못 표기로 인해 상대방과 다툼이 벌어졌을 때, 취지는 그런 것이 아니라고 해봐야 소용이 없는 것이다.

검수완박이 검수원복이 될 사태를 목격하며 개인적으로 이런 생각을 하게 된다. 본업에 얼마나 철저해야 하는지를. 나라의 입법기관으로서 엄중한 법안의 자구 확인을 놓쳐서 벌어진 일이니 말이다.

요즘 나는 문학단체에서 편집 일을 맡고 있다. 원고를 정리하다 보면 적절하지 않은 단어를 구사하거나 띄어쓰기의 오류로 인해 의미가 모호한 경우를 흔히 본다. 또한 길게 쓴 문장에서 오류가 발생하는 경우도 있고, 적절하게 단락을 짓지 않은 작품도 더러 발견한다.

내 눈에 들보는 못 보고 남의 눈에 티끌만 지적한 것 같다. 나도 가장 적당한 낱말 쓰기를 등한시할 때가 있다. 내가 쓰고자 하는 단어가 괜스레 멋져 보여서, 혹은 지적으로 보이기 위해 더 적확한 말을 뒷전으로 밀어버리곤 한다. 아리송한 느낌이 드는 낱말은 사전을 찾아서 확인해야 하는데 귀찮아서 그냥 적는 경우도 더러 생긴다. 컴퓨터로 글을 쓰고 있으니 인터넷 사전에서 쉽게 확인해 볼 수 있는데도 게으름을 피운다.

문인이라면 금과옥조로 여겨야 할 일물일어설一物一語說이 있다. 하나의 사물을 나타내는 데는 단 하나의 단어밖에 적합한 게 없다는 말이다. 플로베르는 제자 모파상에게 온 세상에 완전히 똑같은 두 알의 모래나, 두 개의 손이나, 두 개의 코가 없다면서 뚜렷이 개별화하고 다른 모든 인물이나 사물이 구별될 수 있도록 표현하라고 한다. 작가는 가장 적확한 단어를 찾기 위해 끝까지 자신을 몰아붙여야 한다는 의미다.

우리 속담에도 '아' 다르고 '어' 다르다는 말이 전해온다. 문인은 글로 말하는 사람들이며, 글을 무서워해야 하는 사람들이다. 최근 논란의 불씨가 된 '중'과 '등' 같은 낱말을 적절하게 표현해야 할 뿐만 아니라 부호 하나까지도 세심히 살펴 가며 넣고 빼기를 고민해야 할 것이다. 글자 하나의 영향을 뼛속 깊이 새겨보는 요즘이다.

오브신케

바야흐로 봄이다! 몸 담고 있는 단체에서 여행을 가기로 했다. 남도 쪽, 봄의 기세가 만화방창한 곳으로 방향을 잡았다. 싱싱한 피돌기와 겨우내 굳어진 감성을 말랑하게 녹이기 위해서.

여행은 연초에 계획되어 있었다. 회원들의 일정에 참고하라고 미리 날을 잡아두었었다. 여행지가 먼 곳이기에 마음먹고 승차감이 좋은 대형 버스도 예약해 두었다.

이번 행사에서 내가 맡은 일은 인원 파악이다. 회원 서른 명 중, 스무 명만 참여 의사를 밝혔다. 반응이 없는 회원들에게 개별적으로 연락하여 참여를 독려했다. 두 명이 더 늘었다.

여행 전날 밤이었다. 회원 중 한 명이 갑자기 볼일이 생겨 불참이라는 전갈이 왔다. 무조건 가자고 할 수 없는 노릇이기에 알겠다고 했다. 낮에도 세 사람이 몸살 증세로 난색을 비추어 그중에 한 명은 발병 시 업어주기로 하고 가까스로 참여시켜놓은 바 있었다.

단체에는 임원 대화방을 따로 두었다. 일이 생기면 먼저 의논하는 방이다. 며칠 전부터 여행 준비 때문에 수시로 빨간 등이 깜빡였다. 하지만 늦은 밤이고 불참자가 또 생겼다는 사실을 알리려니 망설여졌다. 당일이면 자동으로 알게 되겠지만 미리 정보를 공유해야 알맞은 준비를 하기에 그래도 올려놓았다.

가장 먼저 회장의 답신이 왔다.

"그라면 우리끼리 오부신케 다녀오지 뭐."

오브신케라는 말을 정확히는 알지 못해도 긍정적인 뜻으로 이해했다. 참여자가 자꾸 빠지면 진두지휘하는 회장의 힘이 가장 빠질 터. 하지만 인자하고 너그러운 회장은 준비하는 임원들을 격려하느라 이런 멘트를 보냈으리라.

밤은 깊어지고 다음 날 먼 곳으로 가야 하기에 이부자리를 폈다. 휴대전화에 알람을 맞추어 머리맡에 두었다. 순간, 전화기가 뒤집어진 풍뎅이처럼 몸을 바르르 떨었다. 무슨 일인가 싶어 확인해 보니 임원 중 한 사람이 질문을 보냈다.

"오브신케가 뭔가요, 일본말인가요?"

나는 정확한 뜻을 몰라서 답을 않고 뭉그적거렸다. 그때 나보다 아래로 띠동갑인 총무가 어디서 오브신케라는 말을 찾아보았던 모양이다. 폭소를 터트리는 이모티콘과 함께 기상천외의 해석을 보냈다.

"개판 오 분 전이라고 나오네요."

야심한 밤, 대화방에 있던 사람들은 일시에 웃음을 터트리고 말았다. 설마 개판 오 분 전으로 다녀오자는 뜻일까 하면서도 웃음이 먼저 터졌다. 어찌나 야단스럽게 웃었던지 어떤 사람은 방귀가 삐져나왔다 하고, 누군가는 웃음이 멈추지 않아 잠결에도 웃겠다고 했다.

한바탕 웃음 소동이 벌어진 뒤, 각자의 배꼽이 제자리에 붙어 있는지 추슬러 보았다. 그때 밤중에 폭소 사건의 원인 제공을 한 회장이 조신하게 답을 주었다. 총무 덕에 웃을 일이 생겨 좋았다면서 뜻풀이를 해주었다. 오브신케는 고향인 경산 남산의 사투리이며 '오붓하게'라는 의미라고 했다. 공감이 가는 말이었다.

우리나라 땅덩이는 좁지만, 지역마다 쓰는 방언이 따로 있다.

그리고 젊은 사람들은 지방 사투리를 잘 모르는 편이다. 회원들의 출신 지역도 천차만별이고 연령대도 다양하다. 회장은 일흔이 코앞이고, 나는 예순을 막 지났으며, 총무는 마흔 끝자락을 붙들고 있다. 일본말이냐고 물었던 사람은 경로 우대 예우를 받고 있지만 다른 지역 사람이다. 오브신케의 의미를 나는 비슷하게나마 알아들었고, 젊은 총무와 타지역 출신 임원은 전혀 몰랐던 것이다.

 오밤중에 낱말 하나가 불통을 일으켰다. 사소한 문제일지라도 각자 짐작으로 넘기지 않고 질문과 대답으로 풀었다. 소통되니 이리도 개운한 것을. 덤으로 배꼽 잡는 웃음 사태도 벌어졌고, 임원들의 관계도 더욱 찰지게 됐다.

 벌여놓은 잔치에 손님이 적어서 가라앉았던 분위기가 달구어져서 좋았다. 기행 전날부터 웃을 일이 생겼으니, 당일은 더더욱 즐거운 날이 되리라. 오붓하게 떠났다가 돌아올 때는 개판 오 분 전이 될 만큼 흥겨운 시간이 되기를 기대하면서 이불을 끌어당겼다.

지금 나의 행복

이순耳順의 문턱을 넘어 귀가 순해진 탓일까. 공기처럼 물처럼 여기던 것들이 새삼 뿌듯함으로 다가온다.

폴란드에서 일하는 큰아들 심부름으로 경찰서 민원실에 갔다. 국제운전면허증이 만기 되었다며 속히 재발급해서 보내달라고 해서다.

담당자는 준비해 간 서류를 확인하더니 한 가지가 **빠졌단다**. 전날 안내받을 때 내가 제대로 듣지 못했던 건지, 아니면 안내하는 쪽에서 한 가지를 누락한 건지 모를 일이다. 서류를 보충해서 다시 오라고 했다.

　현재 시각 오후 3시. 오늘 안으로 면허증을 발급받아 우편으로 보내야 해서 마음이 급해졌다. 보충 서류를 떼는 곳은 다행히 바로 옆에 있는 구청이다. 쫓아가서 담당 창구에서 서류를 신청하니 아들 본인 도장을 찍어야 한다고 했다. 산 넘어 산이라더니 자꾸만 일이 꼬였다.

　마음을 가다듬고 주변에 도장 파는 곳을 찾아봤지만 보이지 않았다. 아들에게 연락했더니 출근 시간이라 바쁜 모양이었다. 겨우 통화가 되어 집에 도장 보관해 둔 곳을 알 수 있었다.

　얼른 도장을 챙겨 구청에서 서류를 뗐다. 다시 경찰서로 이동하여 면허증 발급을 마쳤다. 마지막으로 건너편에 있는 우체국으로 달려갔다. 겉봉투에 주소를 꾹꾹 눌러쓰고 접수하니 4시 56분. 겨우 5시 안에 접수해서 배송이 가능했다.

　여태까지 내가 거주하는 동네에 대해 별생각 없이 살았다. 문득, 관공서가 밀집한 곳에 사는 게 무척 다행스럽게 느껴진다.

　어머님 기일이 있었다. 생신은 한여름이라 땀을 뻘뻘 흘리면서 음식을 준비했었다. 찰밥을 안치고 미역국을 끓이고 전과 잡채를 장만해서 상을 차릴 때면, 땀방울이 음식에 떨어질 정도로 더웠다. 하지만 기일은 나무에 잎이 파릇파릇 돋는 계절이라 음식 장만하기가 좋다.

 어머님이 즐기던 감주를 달이고 쫀득한 찰떡도 샀다. 지금 한창인 산나물도 파랗게 데쳐서 금방 짜온 참기름으로 무쳤다. 도라지, 고사리도 볶고, 돔배기, 조기, 산적도 구웠다. 알이 굵은 사과, 배, 곶감, 밤, 대추도 마련했다.

 작은아들은 창고에서 상과 병풍, 자리를 꺼내 왔다. 상에 제수를 진설하고 상 밑에 보자기도 펼쳐두었다. 제사가 없어진 조상께 어머님이 한보따리 싸가셔서 대접하라는 뜻이다.

 자정쯤 제사 모실 준비가 다 되었다. 휴대전화기의 가족 대화방을 켰다. 헝가리에서, 폴란드에서 일하는 남편과 큰아들이 퇴근한 시간이어서 참여할 수가 있다. 남편이 시키는 절차에 맞추어 다 같이 절을 올렸다.

 가족이 뿔뿔이 떨어져 살아도 제사에 다 참여할 수 있어서 가슴이 뻐근했다. 춥지도 덥지도 않은 계절 부조가 있었기에 제사 모시는 시간이 더욱더 평온하고 여유로울 수 있었다.

 몇 년 전년부터 남편과 떨어져서 지낸다. 남편이 외국에서 일하기 때문이다. 작은아들 뒷바라지와 내 나름의 일이 있어서 남편을 따라가지 못했다. 일 년에 몇 번 남편이 휴가를 나오고 방학 때면 내가 남편을 만나러 간다.

예순이 가까워지고는 같이 지내도 대화가 별로 없었다. 눈길로 서로 통하고 각자의 일을 이해하면서 지냈다. 자식 낳을 시기도 아니니 살 붙이고 눕는 일은 거의 없었다. 불같이 뜨거운 시기는 전설이 되고 있었다.

데면데면 지냈지만, 몸이 서로 딴 데 있어서인지 남편에게 마음이 쏠린다. 영상 통화로 소식을 주고받으면서 같이 있을 때보다 더 많은 대화를 나눈다. 물설고 낯선 곳도 마다하지 않고 일하러 간 것에 대한 애틋한 마음도 생긴다. 든 자리는 몰라도 난 자리는 안다는 말이 있듯이 허전함을 느끼기도 한다.

그 허전함 때문일까. 가끔 양푼에 밥을 푸고 냉장고에 묵은 반찬을 넣어 비빈다. 숟가락에 밥을 봉두로 떠서 입에 넣다가 뜬금없이 눈물이 핑 돌기도 한다. 말년에 무슨 영화를 보겠다고 부부가 이렇게 떨어져 지내야 하나 싶어서다. 하지만 남편의 빈자리로 넉넉해진 시간과 허전함을 느낄 때마다, 시간에 구애받지 않고 내 일을 할 수 있다는 것이 천만다행으로 여겨진다.

지금, 일상에 감사함이 부쩍 밀려들고 있다. 아들의 일로 종종 걸음치면서, 어머님의 기일을 맞이하면서, 그리고 남편의 빈자리를 느끼면서. 하긴 긍정적으로 생각한다면 뭐든 나쁘기만 한 것은 없지 않을까.

배우며 가르치며

　머리맡에 세워둔 '꿈의 지도'를 바라본다. 독서치료 전문가 과정에서 만든 꿈 지도판이다. 미래의 삶을 글, 그림, 사진으로 꾸몄다. 지도 한가운데에는 큰 글씨로 명수필가, 명독서치료사라고 적혀 있다. 그 아래 사진에는 꿈에 닿기라도 한 듯, 입이 귀에 걸릴 듯 환하게 웃는 내가 있다.
　결혼 후, 계절의 수레바퀴가 스물 몇 번 돌 때까지 남편 일에 손을 보태고 아이들 돌보며 살았다. 남편과 아이들이 꿈을 이루면 그들의 등을 타고 같이 날 수 있다고 생각했기에 가족 뒷바라지에만 전념했다. 이런 삶이 곧 여자의 행복이라 여기며 평생 가족의 배경으로만 살고 싶었다.

불혹의 중반, 수필 아카데미와 독서치료 자격증 과정에 입문했다. 원해서가 아니라 가고자 하는 길이 막혀 납작하게 퍼져서 허우적대던 손에 잡혔기 때문이다. 처음에는 심리적 고통으로 강의가 귓등으로 들렸다. 그래도 한 가닥 와 닿는 부분이 있었는지 결석은 하지 않았다.

시간이 흐르면서 차차 마음이 안정되자 수강생들의 면면을 둘러볼 여유가 생겼다. 수필 아카데미에서도, 독서치료 자격증 과정에서도 수강생들은 나와 비슷한 연배이거나 연장자들이었다. 청년도 아닌데 다들 공부 열기가 어찌나 뜨거운지 델 것만 같았다. 나 혼자 뒤로 처질까 봐 정신이 번쩍 들었다.

그러구러 독서치료 입문 과정을 수료하고 전문가 과정을 마쳤다. 어렵사리 독서치료 전문가 자격증을 손에 쥐었다. 여러 기관에 나가서 마음 아픈 사람들에게 등을 토닥여 주고 희망을 가질 수 있도록 지도한 지 십 년을 훌쩍 넘겼다.

수필 아카데미에서도 결실을 거두었다. 처음에는 정신을 딴 데 두고 몸뚱이만 수필 교실에 앉아있었다. 글쓰기와 나는 사돈의 팔촌보다 더 먼면 사이였고, 마음의 불편도 한몫했기 때문이다. 점

차 강의가 솔깃해져서 수료할 때까지 강의만 즐겁게 들었다. 무조건 써보라고 하지만 일기 한 줄도 쓰지 않던 사람이 펜을 들 수 있겠는가. 수료만 하면 얼른 도망치려고 작정했는데, 난데없이 수필 아카데미의 보조업무를 맡는 바람에 그럴 수 없었다. 수료하고도 아카데미 교실에 계속 나가서 강의를 듣다 보니 글눈이 틔어 등단하게 되었다.

지금, 독서치료와 수필에 발을 들여놓은 지 16년 차다. 독서치료 강사로서 타지역에서도 섭외가 오고, 수필가로서는 아카데미 원장이 되었다. 짧은 경력이 아님에도 강연 의뢰가 올 때면 늘 부족함을 느껴 준비에 준비를 거듭한다. 또, 글을 쓰려고 할 때마다 벽을 마주하는 기분이 들어 계속 수필 교실에 나가서 강의에 귀 기울인다.

배움의 길은 끝이 없는 것 같다. 오늘보다 더 나은 내가 되도록 배우며 가르치고 가르치며 배운다. 명수필가, 명독서치료사가 못 되더라도 이 길이 나쁘지 않다. 여기까지 오느라 애쓴 나를 위해 두 팔로 어깨를 감싸며 토닥인다.

기지떡은 생짜배기로 되는 떡이 아니다.
발효 막걸리를 넣어 숙성의 시간을 거쳐야 깊은 맛을 낼 수 있고
오래 두어도 쫀득한 맛을 유지하는 명품 떡이 된다.

제2부

기지떡

- 기지떡
- 목화솜 이불
- 노래자
- 시누이
- 그 벤치의 전설
- 모텔에 갔다
- 찢어지겠다
- 팁

기지떡

 소백산의 마루금이 지척에 보인다. 세로로 우뚝 세워진 간판을 배경으로 기와지붕을 인 순흥병관順興餠館이 눈길을 끈다.
 순흥에 있는 유명한 기지떡 가게다. 카페처럼 꾸며진 가게에는 서리꽃마냥 하얀 떡에 붉은 맨드라미 잎을 고명으로 얹은 두툼한 기지떡이 진열되어 있다. 창가 테이블에는 지나가던 길손들과 일부러 떡을 찾아온 이들이 삼삼오오 모여 떡을 맛보며 이야기꽃을 피운다.
 나도 인심 좋게 썰어놓은 맛보기용 떡을 날름 입에 넣는다. 스

편지같이 폭신한 떡이 혀에 착 감긴다. 단맛으로 먹는 떡과는 비교가 안 될 만큼 깊은 풍미가 우러난다. 막걸리 향이 뒤끝에 슬쩍 남아 금상에 첨화의 맛을 더한다.

기지떡은 이름이 다양하다. 맨드라미 잎을 고명으로 써서 기지떡으로 부르지만 술로 발효시켜 만들었다고 증편, 증병이라고도 부른다. 서리꽃처럼 희고 아름답다는 뜻으로 상화병霜花餠, 상화고霜花糕라고도 한다.

이 떡을 만들기 위해서는 멥쌀에 막걸리를 넣어, 더운 방에서 하루 꼬박 발효시킨다. 반죽이 삭아서 숭글숭글 구멍이 생겨 부풀어 오르면 주걱으로 자박자박 눌러 공기를 빼는 일을 반복한다. 공기를 빼서 반죽의 구멍이 고르게 앉으면 채반으로 옮겨와 고명을 얹어 찐다. 여느 떡에는 없는 푹 삭아서 익어야 하는 절차를 거쳐야 제 고유의 맛을 낼 수 있다.

내 어머니도 삶에 안착하기까지 긴 세월 동안 속이 삭는 시간을 견뎌야 했다. 가족 두루 살피는 것은 물론, 집안 대소사를 꾸려가는 일이 손에 익고 대소가大小家 아녀자들을 건사할 수 있는 푼푼함을 갖추기까지는 길고 긴 인고의 과정을 거쳤다.

눈처럼 흰 살결에 붉은 입술을 가진 어머니는, 나이 열여덟 살에 아버지와 혼례를 올렸다. 혼사를 치르고 한 해도 지나지 않아

아버지가 입대하게 되었다. 어머니는 배가 불룩해진 채 할아버지, 할머니, 삼촌, 고모들이 사는 집에 남겨졌다.

후처였던 할머니의 속살거림에 할아버지는 어머니가 차린 밥상을 사흘이 멀다고 마당으로 내던졌다. 아이를 낳아도 미역국을 구경할 수 없었다. 언니를 낳았을 때는 연세 지긋한 할머니도 막내 삼촌을 낳아서 언니를 뒤로 밀어놓고 삼촌에게 먼저 젖을 물려야 했다.

아버지가 군 복무를 마치고 돌아오고 나서야 어머니는 시집살이에서 벗어나 분가하게 되었다. 아버지와 금실이 좋았던 어머니는 네 명의 자식을 연달아 낳았다. 그러나 무슨 운명의 시샘인지 분가하여 얻은 자식들 모두 어린 나이에 질병으로 연달아서 세상을 떠나고 말았다. 끝없이 혹독한 아픔을 겪은 어머니의 가슴은 숭숭 구멍이 났다.

정들었던 집을 떠나 어머니는 아버지를 따라 밥그릇과 숟가락만 챙겨 자식이 풍년 든다는 곳으로 둥지를 옮겼다. 살던 동네에서 재를 넘고 물을 건너 야트막한 산 아래에 터를 잡았다. 이사를 해서 첫 번째로 나를 낳았다. 부모님의 가슴에 묻었던 언니, 오빠가 되살아온 걸까. 동생 넷이 연년생으로 태어났다.

고비가 줄을 잇던 어머니의 인생에도 불혹이 지나면서부터 조금은 평온해졌다. 늦게 얻은 자식들이 별 탈 없이 학교에 다녔고, 전답이 조금씩 불어나서 생계도 약간 여유로워졌다. 궁벽한 시골 살림이지만 어머니의 뜻대로 자식들을 대처로 보내 교육시킬 수 있었다. 종부로서 대소가의 크고 작은 일이 있을 때마다 소매를 걷고 앞장서는 배포도 생겼다. 어머니는 근동에서 현모양처로 이름이 알려졌다.

기지떡은 생짜배기로 되는 떡이 아니다. 발효 막걸리를 넣어 숙성의 시간을 거쳐야 깊은 맛을 낼 수 있고, 오래 두어도 쫀득한 맛을 유지하는 명품 떡이 된다. 쌀가루를 맹물에 반죽하여 후딱 만들어버린다면 깊은 맛을 낼 수도 없고, 금방 굳어 버린다. 어머니도 인생의 긴 숙성 시간을 겪었다. 그 고난을 묵묵히 견뎌냈기에 생의 말년이 빛날 수 있었다.

가만히 생각해보면 기지떡은 시련을 견디고 이겨낸 우리 어머니들의 사연이 담긴 떡이다. 옛 어머니들의 가슴을 닮은 떡이다.

목화솜 이불

 담장에 덩굴장미가 피는 계절이다. 찬바람 일기 시작하면서 펼쳤던 솜이불을 걷는다. 솜이불은 삼십여 년 전, 친정어머니가 혼수로 장만해 준 목화솜 이불이다. 오래된 이불이라 이참에 버릴까, 손에 들고 딸막거린다.
 어머니가 손수 지어 준 이불은 자식을 사랑하는 만큼 솜을 차곡차곡 넣어서 두툼하다. 딸, 사위가 덮으면서 이불의 두께만큼 정이 쌓이라고 지어 준 것이다. 그런 이불을 신혼 시절에 기분 낸다고 몇 번 덮다가는 아끼느라 장롱에 모셔두었다. 때로는 귀한 손님이 찾아왔을 때 큰마음 먹고 내어주기도 했었다. 아이들이 커서 각자의 방으로 간 뒤로는 입동 무렵부터 봄까지 부부 침대에서 어김없이 목화솜 이불을 덮었다. 막상 버리자니 어머니의 손길을 느낄 수 있는 단 하나밖에 없는 물건이라 손이 오므라든다.

내가 어렸을 적부터 어머니는 목화를 가꾸었다. 집에서 덮는 이불을 만들려는 마음도 있었지만, 딸들의 혼수 이불을 지으려고 목화를 길렀다. 목화밭은 집에서 멀리 떨어진 골짜기에 있었다. 고추나 콩같이 수확을 많이 해야 하는 곡식은 구릉 아래쪽 넓은 밭에 심었고, 당장 먹거리에 소용되지 않는 목화는 꼭대기 비탈밭에서 키웠다. 더구나 물이 잘 빠지는 밭이 목화 생육 조건에 맞기 때문이기도 했다.

목화밭에서 일하는 어머니께 점심을 갖다 드리는 일은 내 몫이었다. 논두렁길을 한 삼사십 분쯤 걸어가면 어머니가 일하는 밭에 닿을 수 있었다. 가는 길에 온갖 풀꽃도 보고 날 것들과도 눈 맞춤을 했다. 때로는 뱀을 마주치기도 해서 부지깽이를 들고 풀섶을 헤치면서 다녔다.

적막한 골짜기에는 산비둘기 울음소리도 선명하게 들렸다. 내 발자국 소리에 산꿩이 놀라 푸드덕거리며 날아올랐다. 꺽, 꺽, 꺽…. 스타카토로 울어대는 소리가 구릉에 울려 퍼지면 목화밭에서 밭을 매던 어머니는 땀을 닦으면서 내가 가고 있는 길 쪽을 바라보았다.

어머니는 땀을 뻘뻘 흘리며 밥을 가져온 나를 반기며 밭 귀퉁이에 있는 너럭바위에 가 있으라고 손짓을 보냈다. 바위에는 그늘이 들고 산바람도 불어와서 비탈길을 오르면서 흘렸던 땀을 씻어주었다.

내가 도시락 보따리를 푸는 동안 어머니는 밭 옆에 있는 옹달샘에서 손을 씻고 바위에 걸터앉았다. 어머니는 상추에 보리밥 한 숟가락과 풋고추도 뚝 잘라서 올린 뒤, 날된장을 얹어 입이 불룩하게 쌈을 싸 드셨다.

샘물을 떠서 입을 헹군 뒤 어머니는 숨겨 둔 보물이라도 있는 듯 내 손을 이끌었다. 참외 넝쿨이 있는 곳이었다. 거름에서 싹이 난 참외 넝쿨이 한여름 뙤약볕에 제법 영역을 넓히고 있었다. 이파리 속에는 주먹만 한 참외가 조롱조롱 열려서 익어가고 있었다. 침을 삼키는 나에게 어머니는 초록색이 다 가시지 않은 참외를 따 주었다. 군것질거리가 없던 시절이라 씨근하면서도 풋풋한 향이 풍기는 참외를 달게 먹었다.

어머니는 다시 목화밭에 풀을 뽑고 지주대를 꽂기 시작했다. 나는 일을 잠시 거들다가 이내 싫증이 나서 딴짓을 했다. 갓 피어난 연노랑 목화꽃이 시간이 흐르면서 분홍으로 물드는 것을 신기하게 바라보았다. 일찍 꽃 피워 열매가 된 어린 다래를 깨물어 싱싱하고 달짝지근한 즙을 맛보기도 했다. 그러다가도 지루해지면 친구들과 놀기 위해 어머니를 남겨두고 줄행랑을 쳤다.

여름이 가고 가을이 되면 다래 꼬투리는 갈색으로 딱딱하게 여물어서 터지고, 솜꽃이 벙글어졌다. 어머니는 자루에 따온 솜을 광주리에 펼쳐놓고 겨우내 씨앗을 뽑았다. 나도 오며 가며 씨앗을 빼기는 했는데 어머니처럼 진득하게 앉아서 거들지는 못했다. 빼낸 씨앗을 씨오쟁이에 보관해 두었다가 이듬해 봄이 오면 또 씨를 뿌렸다. 고등학교에 진학하고부터는 점심도 나르지 않았고, 목화를 가꾸는지도 잊고 지냈다. 하지만 어머니는 오랜 시간 묵묵히 목화를 키우고 솜을 장만해 두고 있었다.

마침내 내가 결혼할 때 어머니는 숙모들을 불러 같이 이불을 지었다. 우선 하얗게 삶아서 말린 광목천에 솜을 평평하게 깔고 속통을 만들었다. 솜을 많이 넣으면 이불을 펴고 갤 때 무겁고 바느질이 힘들다고 하는 숙모들의 성화가 있어도, 어머니는 솜을 자꾸만 더 펼쳐 넣었다. 그리고는 청홍 배색의 양단 호청을 입혀서 딸의 혼수 이불로 마련해 준 것이다.

이불을 짓는 동안 어머니는 마음속으로 딸의 행복을 수없이 기원했으리라. 결혼생활이 어렵지 않기를, 자식 낳아 별 탈 없이 키우기를. 낮 동안의 삶이 곤궁했을지라도 넉넉하고 포근한 이불을 덮고 자면서 힘을 얻어, 각다분한 삶을 견뎌내라고 빌었을 것이다.

 잠시 갈등했던 마음을 하나로 모은다. 어머니의 따스한 손길이 깃든 이불을 어찌 버리겠는가. 목화솜 수명은 백 년이라고 하는데 이제 삼십 년 조금 넘었으니 내가 살아있는 동안 충분히 쓸 수 있겠다.

 이불집에 가서 솜을 타고 속 홑청을 뽀얗게 삶아서 말린다. 겉 홑청도 깨끗이 빨아서 뭉게구름 같은 속통을 넣으니 새 이불 같다. 고이 접어 이불장에 넣어 둔다. 어머니의 정성과 가없는 사랑, 그리고 추억을 생각하면서.

노래자

초나라에 노래자 라는 효자가 있다. 그는 백수를 바라보는 양친 앞에서 색동옷을 입고 아기 같은 몸짓으로 노래하고 춤을 추었다. 물시중을 들다가 부러 물을 엎지르고 미끄러지는 시늉을 하면서 "앙앙" 소리 내어 울었다. 그의 머리에 서리가 하얗게 내려도 재롱을 부려 부모를 기쁘게 했다.

그와 닮은 사람이 코앞에도 있다. 남편은 술이 과해 몸을 가누지 못하는 날은 안방으로 오지 않는다. 술 냄새 난다고 나에게 타박 당하는 것이 싫은 이유도 있겠지만 어머님이 계시는 위층으로 향하는 그 행동은 본능에 가까운 것 같다. 계단에서 구를까 걱정이 되어 우리 방 쪽으로 잡아당겨도 소용 없다. 거북이처럼 엉금엉금 기어오르는 손에는 사탕 봉지가 들려있다.

팔순이 넘은 어머님은 코를 골고 주무시다가도 남편과 내가 실랑이를 벌이는 기미를 용케도 알아차린다. 기다렸다는 듯 벌떡 일어나 팔을 벌려 아들을 맞아들인다. 자리를 곧장 아들에게 내어 주고는, "아이구 술 냄새야. 무슨 술을 이래 많이 마셨노?" 하시며 삭정이 같은 손으로 아들의 머리카락을 쓰다듬는다.

그제야 남편은 들고 있던 비닐봉지에서 사탕을 꺼낸다. 그 옛날, 일을 마치고 귀가하던 어머님 손에 들려지곤 했던 눈깔사탕이다. 남편은 아기처럼 입을 동그랗게 모아 "아" 소리를 낸다. 어머님도 따라 "아" 하면 남편은 사탕을 어머님 입에 넣어 드린다. 그 모습을 물끄러미 바라보면 세 살 먹은 아기가 따로 없다. 그때 어머님의 얼굴빛은 목단꽃처럼 화사해지고 골진 주름도 확 펴지는 것 같다.

남편의 어리광은 거기서 멈추지 않는다. 팔을 벌려 옷을 벗겨 달라는 신호를 보내면 어머님은 남편의 겉옷과 양말까지 벗긴 후, 물수건으로 얼굴과 손발을 닦아 준다. 큰대자로 누운 남편이 코를 골면 그제야 어머님도 자리를 깔고 모로 누워 마른 잠에 드신다.

뒷날 아침, 어머님은 내가 일어나기도 전에 해장국을 끓여놓는다. 아침이 되어 어머님 방으로 가보면 꿀물이 담긴 컵이 남편의 머리맡에 놓여 있다. 나는 남편이 술을 더 자주 마실 것 같아서 단 한 번도 꿀물을 태워주거나 해장국을 끓여주지 않았다. 하지만 어머님은 관절염으로 다리가 불편한데도 불구하고 기꺼이 남편의 뒷수쇄를 감당하신다.

생속이었던 신혼 시절, 남편의 망측한 행동을 이해할 수가 없었고 어머님도 수상쩍게 생각했었다. 결혼한 아들인데 며느리에게 돌려보내야 마땅하건만 오히려 보듬고 계셨다. 그런 밤이면 나는 밤새 몸을 뒤척이며 잠들지 못했다. 참다못해 짐을 싸서 친정집으로 간 적도 있었다.

두 사람 사이의 정을 차츰 알게 되었다. 어머님은 일찍 혼자되어 자식 넷을 키우셨다. 어머님의 굴곡진 삶의 이야기를 들으면서 날카롭던 내 시선은 봄바람처럼 순해졌다. 어머님의 가파른 삶에서 아들은 삶의 전부였던 것이다. 나 또한 세파에 흔들리며 아이를 키우다 보니 모자간의 사랑을 알게 되었다.

새가 알을 품듯 핏줄 사이의 몸짓보다 더 그윽한 언어가 있을까. 거기에는 햇살보다 따스한 체온과 가나안의 땅보다 깊은 믿음이 흐르니까 말이다.

시누이

사람들은 흔히 뿌린 대로 거둔다고들 한다. 이 말은 보편적 진실이기는 하다. 하지만 내 경우에는 꼭 그런 것만도 아닌 듯하다.

삼십여 년 전, 한 남자에게 콩깍지가 홀딱 씌어버렸다. 결혼 적령기를 훌쩍 넘긴 그 남자는 사귀어 온 시간이 제법 흘렀지만 청혼을 하지 않았다.

알고 보니 뇌종양 수술로 자리보전하고 있는 어머니를 간병하며 성씨가 다른 여동생, 남동생과 달동네 단칸방에 세 들어 살고 있었다. 결혼할 형편이 못 된다고 하는 남자의 옆구리를 살살 간

질여 결혼식을 올리고 몸만 달랑 와서 함께 살았다.

사글세 열두 달은 쏜살같이 지나갔다. 결혼하면서 남편과 뜻을 모아 벌여놓은 가게의 벌이는 방세를 모아둘 여유도 없이 하루하루 먹고사는데 다 쓰였다.

방세와 분가 문제를 고민 중이었다. 당시 동네에는 집이 낡아 살 수가 없어서 비워놓은 집이 더러 있었다. 형편상 가장 합리적인 방법은 분가하지 않고 식구가 함께 빈집으로 이사하는 것이었다.

이사 갈 집은 사람으로 치자면 회갑 나이쯤 되었다. 공동수도관은 삭아서 누수량이 많아 수도를 새로 넣었다. 쳐진 지붕은 나무 기둥으로 받치고 구멍 난 벽은 합판으로 덧대었다. 얽힌 거미줄을 걷고, 쥐똥을 쓸어내고, 벽지를 바르고, 새 장판을 깔아서 보금자리를 꾸몄다.

나름대로 집을 수리했지만, 겨울에는 갈라진 틈새로 황소바람이 쳐들어왔다. 서향집이라 여름에는 밤에도 열기가 식지 않았다. 화장실은 집 뒤편 언덕배기에 있어서 밤에 볼일이 생기면 식구 중에 누가 동행해야만 했다.

그런 집에서도 뭣이 그리 좋았던지 아이가 생겼다. 입덧을 하면서 성격이 까칠해졌다. 불편한 환경이 싫어졌다. 가난하게 살아 온 식구들을 보면서 가슴이 아렸었는데, 좀 더 절약하지 않아서, 좀 더 부지런하지 않아 그렇다고 마음속에서 비난이 부글거렸다. 출근하는 시누이 도시락 싸기도 싫어지고 예쁘게 화장하고 거침없이 사는 모습도 샘이 났다. 식구들 밥하는 것도, 빨래하는 것도 다 귀찮아졌다. 친정에 가서 쉬고 싶은 마음 꿀떡 같았으나 잘 살 때까지 가지 않겠다고 큰소리치고 와서 그러지도 못했다. 착한 시집 식구들은 나의 이런 못된 심리상태를 눈치채고 일을 조금이라도 덜어주려고 애썼다.

드디어 아이를 낳았다. 뱃속의 아이를 부려놓자 몸이 가벼워졌다. 아이를 안고 젖을 물려 보니 그런 행복이 없었다. 예민해졌던 나로 인해 불편했던 식구들은 다시 웃음을 찾았다. 가라앉았던 집안 분위기는 아이가 태어나자 다시 솜사탕처럼 달콤하고 부드러워졌다. 멀리 떨어져서 지켜보던 친정 식구들도 나를 보러 찾아왔다. 어머님은 손자를 봐서인지 자리를 털고 일어나 걸을 수 있게 되었다. 특히, 직장에 다니던 시누이는 형편에 과하게 하루가 멀다고 조카의 옷과 장난감을 사다 날랐다. 내가 좋아하는 음식도 겨드랑이에 끼고 왔다.

어머님은 날로 건강을 회복하여 손자를 봐 줄 수 있었다. 살림을 어머님께 맡기고 남편과 가게 일을 보았다. 가끔 모임에 나가기도 했는데, 알게 모르게 슬쩍슬쩍 시누이 옷과 신발을 입고, 신고 나갔다. 시누이는 그런 내게 종종 옷과 신발을 사다주었다.

시누이가 결혼할 때였다. 어머님은 음식 솜씨가 좋아서 사돈댁에 보낼 갖가지 음식을 집에서 장만했다. 당연히 며느리인 나도 손이 바빠졌다. 사실 나는 친정이 허락하지 않은 결혼을 해서 어머님께 드릴 정성을 해 오지 못했다. 보란 듯 솜씨를 발휘하여 음식을 장만하는 어머님께 미안함도 있었지만, 형편껏 하지 않는 것에 빈정거리는 마음도 들었다. 좋아라고 바리바리 싸가지고 가는 시누이에게는 질투가 나기도 했다.

결혼한 시누이는 곧 외국에 살러 갔다. 지인이 운영하는 게스트하우스에서 음식도 만들고 손님을 태워 오고 태워주는 일을 하며 먹고 살았다. 통 크고 활달하며 인정스러운 수완을 인정받아 게스트하우스를 직접 운영하게 되었다. 사업은 날마다 눈덩이처럼 몸피를 키우며 굴러갔다.

삶이 늘 성장의 길로만 간다면 얼마나 좋을까. 시누이에게 곤두박질 치는 시기가 왔다. 게스트하우스가 성업을 이루어 모은 돈으로 호텔을 인수했는데, 번듯한 외관만 보고 산 호텔은 빛 좋은 개살구였다. 겉모습과 달리 속은 사흘이 멀다고 수리할 곳이 생겼다. 불편한 시설로 알려져 손님도 끊겨 적자가 쌓여 감당할 수가 없을 지경이 되었다. 결국 고생해서 번 돈을 날리고 다시 게스트하우스에 나가서 일해야 했다.

　유별나게 추운 유럽에서 겨울에도 보일러를 틀지 않고 지냈다. 아이들을 꼭 껴안아 체온으로 냉기를 녹였다. 독한 생활로 모은 자금으로 다시 게스트하우스를 인수하게 되었다. 거금을 치르고 인생 공부를 한 시누이는 더 이상 욕심내지 않고 예쁘게 자라는 아이들 보며, 주어진 삶에 만족하며 살았다.

　시누이는 여유가 생기자 한인 모임에도 나갔다. 그곳에서 손꼽히는 대기업의 법인장을 알게 되었다. 그에게서 한 가지 사업을 추천받았는데, 현지에서 필요한 인력과 장비를 구해주는 사업이었다. 시누이는 실패의 경험이 떠올라 손사래를 쳤지만, 가슴 밑바닥에서 꿈틀거리는 야망을 잠재울 수가 없었다. 망설임 끝에 그 사업에 닻을 올렸다. 외국에 나가 산 지 20년이 훌쩍 지난 지금, 폴란드에 기반을 두고 헝가리에서도 사업장을 운영한다.

　시누이는 자리를 잡고부터 한국을 자주 왕래한다. 올 때마다 내가 주문한 그릇이며 가방을 사 오더니 어느 때는 놀라자빠질 만큼 거금도 보내주었다. 현재, 나이 들어 직장에 나가고 싶어도 갈 데가 없는 오빠와 '공시족' 3년 차에 어깻죽지가 축 처진 조카를 불러 일자리에 앉혀 주었다.

　다음 주 수요일, 여름 휴가를 맞아 시누이의 초대로 한 달 일정으로 남편과 아들을 보러 간다. 내가 뭘 해준 게 있다고, 기껏해야 한솥밥을 해 먹고 심술부린 것 밖에 없는데 이런 정을 베푸는 시누이, 그녀를 업고 폴란드를 한 바퀴 돌고 또 헝가리를 한 바퀴 돈다 한들 고마움을 다 갚을 수 있을까. 나는 뿌린 대로 거둔다는 말에 한없이 겸연쩍어지는 사람이다.

그 벤치의 전설

　삼십여 년 전이다. 거리에는 낙엽이 뒹굴고 사람들은 옷깃을 여미며 종종걸음으로 제 거처를 찾아가는 계절이었다. 그때 나는 그의 여자가 되고, 그는 나의 남자가 되기로 사람들 앞에서 약속했다. 별반 다를 것도 없는 혼례 절차를 후딱 치르고 하객들의 배웅을 받으며 신혼여행을 떠났다.

　3박 4일 일정의 설악산 주변 여행이었다. 첫날은 낙산사를 둘러볼 참이었다. 대구에서 예식을 마치고 떠난지라 밤이 되어 도착됐다. 시장기를 이기지 못해 숙소에 짐을 내려놓고 우선 저녁부터 해결했다.

드디어 한 이불 속에서 잠들고, 아침에 눈을 떴을 때 서로의 곁에 존재하는 삶이 시작되었다. 원하던 일이었지만 새로운 길로 가야 하는 두려움과 어색함, 긴장과 설렘이 공존하는 첫날 밤을 보냈다.

비몽사몽의 밤을 보낸 다음 날 새벽, 신랑과 손을 꼭 잡고 숙소 앞에 있는 의상대에서 해돋이를 보았다. 하늘과 바다가 맞닿은 곳에서 붉은 덩어리가 불쑥 솟아오르는 장관을 바라보며 앞날의 행복을 염원했다.

아침 식사 시간이 일러서 의상대 앞, 벤치에 앉아 쉬었다. 주변의 낙락장송과 바닷가 절벽 위의 홍련암을 비롯하여 풍파에 깎인 바위섬을 거느린 해안 풍광을 훑어보았다. 관동팔경에 꼽히는 절경에 감탄하면서 나는 다음에 또 오고 싶다고 했다. 그때 신랑은 깍지 낀 손에 힘을 불끈 실으며 귓속말로 내게 물었다.

"그렇게 좋아? 어젯밤보다 더 좋아?"

나는 쑥스러워 미소를 머금은 채 고개를 숙였다. 그런 색시를 그윽하게 바라보며 신랑은 놀리듯 말했다.

"에이, 그렇구나."

돌이켜 보면, 그때만큼 수줍고 그때만큼 심장이 뜨거운 적이 있었을까. 그후, 지금까지 삶의 부침을 겪을 때마다 낙산사로 간다.

우리의 전설이 봉인된 의상대 앞 벤치에 앉아 행복을 부려놓기도 하고 용기를 충전해 오기도 한다.

모텔에 갔다

 코로나 바이러스가 여전히 극성이다. 바이러스가 달라붙지 못하게 내가 뱉은 이산화탄소를 내게 되먹이는 마스크 착용은 물론, 불편한 일이 한두 가지가 아니다.
 주말마다 대중목욕탕에 가는 것이 습관이었다. 김이 피어오르는 널찍한 탕에 몸을 담그고 눈을 지그시 감고 있으면, 한 주 동안 쌓였던 피로가 스르르 풀렸다. 그만한 힐링이 없기에 특별한 일이 없는 한 일주일에 한 번은 목욕탕에 갔다.
 하지만 코로나가 두려워 그 좋은 목욕탕엘 못 간다. 집에서 샤워만 한다. 새로 집을 지을 적에 욕조 설치 문제로 남편과 실랑이가 벌어졌을 때, 장소만 차지하고 별 쓸모가 없다는 생각에 설치하지 말자고 우긴 것이 후회막급이다. 상상도 못한 일이 이렇게 터질 줄 그때 어찌 알았을까.

남편은 대중목욕탕에 가지 않는다. 집에서 샤워만 하기 때문에 불편함이 없다. 하지만 나는 그렇지 않다. 김이 오르는 탕에 몸을 푹 담갔다가 빡빡 씻어내야 개운한데, 샤워만으로는 목욕을 제대로 한 것 같지 않다. 코로나 귀신은 꼬리를 보이지 않고, 목욕탕에는 언제 갈 수 있을지 날짜가 희미하니 나로서는 대책을 강구할 수밖에 없다.

머리를 굴리면 웬만한 것은 해결이 된다. 쨍하고 떠오르는 것이 있다. 나이 든 부부들이 권태로움을 극복하려고 숙박시설을 이용한다는 이야기를 모임에서 들었다. 그리고 어머님이 편찮을 때 가끔 온천 객실에 모시고 목욕을 시켜드린 적이 있다. 빙고! 그곳을 이용하면 되겠다.

남편을 꼬드긴다.

"우리 모텔 갈까?"

"뭐하러?"

"집에서 계속 샤워만 하니 씻은 것 같지 않네."

모텔에 갔다

"목욕하러?"

"혹시 아나, 보너스도 있지 않을까?"

살살 웃으며 남편의 옆구리를 콕콕 찌르니 남편도 싫은 눈치는 아닌 것 같다. 다 큰 자식들과 같이 살다 보니 이불이 부스럭대는 소리를 내는 것이 눈치 보여서 아예 각방을 쓰던 차였다.

어떤 통계에서는 우리 부부 나이쯤에는 관계 횟수 없음으로 나오기도 한다. 하지만 '9의 법칙'에 의하면 50일에 4번은 사랑을 나누어야 한다는데 금욕한 지 오래다. 그러니 남편도 구미가 당기는 듯하다. 쇠뿔도 단김에 빼라는데 기회를 잡아야 한다. 목욕 장비를 얼른 챙겨 가방에 넣는다.

가까운 교외로 차를 몰아 외관이 멋진 목적지에 진입한다. 선입관 때문인지 뒤통수가 좀 가렵긴 하다. 하지만 우리는 부부인데 뭐 어떤가. 먼저 객실 내부를 훑어보고 시원한 물을 들이켠다. 목적을 이루기 위해 옷을 훌훌 벗어 던지고 욕실로 들어간다.

김이 안개처럼 피어오르는 욕조에서 몸을 불린다. 샤워만 했던 몸에 묵은 때를 열심히 문질러 내고 남편과 나는 서로 등까지 내밀어 씻어주기를 한다. 욕조에 들어앉은 지 한 시간을 훌쩍 넘긴 것 같다.

개운하게 씻었으니 방으로 나와 보너스 과업을 치를 작정이다.

그런데 목욕을 너무 과하게 한 탓으로 자꾸만 몸이 녹작지근해진다. 남편의 모습도 별반 다르지 않다. 배려 차원에서 내가 먼저 말을 꺼내야겠다.

"아저씨, 오늘은 안 되겠다. 다음에 또 오자."

내 말에 남편은 뒤통수를 긁적이면서 얼른 대답한다.

"그라까? 다음에는 순서를 바꿔서 해야겠네."

혈기 떨어져 보너스까지 챙기지는 못했지만 오랜만에 느껴보는 목욕 힐링이다. 코로나로 여러가지 경험한다.

찢어지겠다

옆지기가 곁으로 왔다. 작년부터 외국에 나가서 돈 벌다가 한 달 휴가를 받아 왔다. 장미가 활짝 핀 계절에 떠났다가 다시 장미 넝쿨 우거진 대문 안으로 성큼 들어섰다.

결혼하면서부터 운영해오던 사업이 사양길로 들어서는 바람에 접을 수밖에 없었다. 하지만 손 놓고 있을 수 없는 형편이었다. 남들은 자녀를 학교에 보낼 나이에 가정을 이루어서 아이들 뒷바라지 숙제가 남아 있기에, 노령연금을 타는 나이지만 남편은 다시 직업을 가질 수밖에 없었다.

기술 자격증을 따서 일자리를 구하기로 했다. 나이 들어 학생이 되어 보니 마음은 한창인데 이해력, 기억력 떨어지고 손발도 어둔했다. 그래도 등에 짊어진 짐 때문에 새파랗게 젊은 학생들보다 더 오래 의자에 궁둥이를 붙이고 배웠다. 그렇게 애써서 대여섯 가지의 자격증을 손에 쥐었다.

  자격증만으로는 취업하기 어려웠다. 나이 많고 지원하는 방면에 경험도 없으니 취업의 문은 철옹성 같아서 도통 열리지 않았다. 자격증만 따면 뭐든 할 수 있다는 기대가 컸는데, 차가운 현실에 부딪혀 무력감에 빠져들었다. 하지만 먹고살아야 하기에 곧추서지 않을 수 없었다. 공사 현장에 나가볼까, 아니면 트럭을 사서 채소 장사를 해볼까 궁리 중이었다. 그때 뜻밖의 반가운 소식이 날아들었다.

  지구 저편에서 사업을 하는 시누이가 지점을 하나 더 열었다. S그룹이 해외에서 배터리 공장을 짓는데, 일부 공정을 시누이 업체가 맡게 되었다. 관련 자격증이 있고, 믿을 만한 관리자가 필요해서 남편을 부른 것이다. 흔쾌히 보따리를 싸서 일을 찾아 비행기를 탔다.

  결혼 후, 옆지기와 일주일 이상 떨어져 지내본 적이 없다. 출국하던 날, 배웅하면서 그렁그렁 차오르는 눈물을 보이지 않으려고 고개를 뒤로 젖혔다. 하지만 와락 끌어안는 바람에 눈물을 보이고 말았다. 그리고 일 년만에 다시 만났다. 한 달을 같이 지낼 계획에 마음이 붕붕 떠올랐다.

어머님 기일에 맞추어 귀국했기에 먼저 제사를 지냈다. 성주에 있는 어머님 산소에도 가고, 봉화의 친정 부모님 산소에도 인사드리러 갔다. 쉬고 있던 부부 모임에도 연달아 나갔다. 친정 형제들을 불러 벌어 온 돈으로 밥을 샀다. 시댁 형제들과 1박2일 부산으로 여행도 했다. 동네에 친하게 지내던 사람들이 불러내는 바람에 만나러 다녔다. 틈틈이 남편이 출국할 때 가져갈 물건들을 사서 차곡차곡 챙겼다. 혼자서는 도저히 할 수 없었던 일, 서문시장 리어카에서 파는 돼지암뽕도 사 먹고, 찜질방에도 갔다. 그뿐인가. 그동안 미뤄진 사랑도 나누어야 하기에 낮과 밤이 모자랐다.

사실, 남편이 없는 동안 편하게 지냈다. 큰아들도 남편 뒤를 따라 그곳으로 일하러 떠났고, 작은아들과 둘이서만 지냈다. 작은아들은 체형 관리하느라 닭가슴살과 양상추, 참치, 그릭요거트만 먹으니 식사 준비하는 시간은 길지 않았다. 내가 먹고 싶은 것만 준비하여 배고플 때 먹으면 되었다. 청소며 세탁하는 일도 반토막으로 줄었다. 길게 '호시**뺑빼이**' 시간을 가지다가 일 년치 분량의 일을 한 달에 다 치르려니 짧은 가랑이가 찢어질 지경이다.

하지만 이렇게 복닥거리다가 남편이 출국하면 가슴이 찢어지겠다. 사람들은 은근히 부러운 시선을 던지며 내 입이 찢어지겠다고 하는데, 절대 그렇지는 않다.

팁

    남편 생일날, 식구 넷이 예약해 둔 식당으로 갔다. 시내 중심가 높은 빌딩에 자리 잡은 일식집이다. 입구에 만개한 벚꽃과 등불이 기분을 들뜨게 하였다.
    식사하는 공간은 정원을 사이에 두고 한 칸, 한 칸 독립된 방으로 이루어졌다. 시내 네거리가 시원하게 보이는 전망 좋고 조용한 자리를 배정받았다. 직원은 생글생글 웃는 얼굴로 우리를 안내했다. 생일 기념으로 왔다고 했더니 바로 축하한다는 현수막을 걸어 주었다.

음식이 차례로 나왔다. 드라이아이스가 피어오르는 쟁반에 두툼하게 썰어 얹은 회와 얼음과 꽃으로 치장한 접시에 아기자기하게 담긴 반찬이 차려졌다. 거기다 생일상이라며 따로 상보를 덮어서 특별식을 가져왔다. 케일 모양의 얼음 위에 금가루를 뿌린 회와 미역국이었다.

서비스는 여기까지가 아니었다. 직원이 와인 잔에 체리 빛깔 샴페인까지 담아왔다. 남편과 내게 러브샷을 시키고 식구가 다 나오는 사진도 여러 장 찍어 주었다. 직원은 애교 섞인 목소리로 "아버님, 참 멋지십니다!"를 외치면서 서비스의 방점을 확실히 찍고는 퇴장했다.

먹음직스러운 음식을 앞에 놓고 이벤트를 하느라 침만 꼴딱꼴딱 삼켰는데, 먹어도 되는 시간이 왔다. 눈을 홀린 음식이 역시나 맛도 좋았다. 한동안 젓가락 부딪는 소리만 딸그락딸그락 오고 갔다. 익숙한 맛이라고 먹고, 처음 먹어 보는 맛이라서 먹다 보니 납작했던 배가 불룩해졌다.

디저트로 차를 마시면서 식당에 대한 평이 절로 흘러나왔다. 위치며, 오붓하게 마련된 공간, 음식 맛, 서비스에 관해 이야기를 나누었다. 전체적으로 십 점 만점에 십 점을 덥석 주고 싶었다. 특히 기념일에 대한 특별 서비스는 더 높은 점수를 줄 수 있었다. 남편과 아이들도 마찬가지였다.

남편이 이쑤시개를 물고 계산하라면서 카드를 주었다. 팁으로 주라며 현금도 내밀었다. 그러고는 화장실로 가버렸다. 그런데 왜 팁을 주는 거지? 황송한 대접을 받은 것은 인정하나 비싼 값을 내고 먹는데. 큰아들에게 물으니 밥값에 포함된 것 아니냐 했고, 작은아들은 기분 좋게 서비스받았으니 주면 좋지 않겠냐고 했다. 내가 아들들에게 의견을 물은 것은 곧, 주고 싶은 마음이 별로 없다는 뜻. 결국, 계산을 하면서 손에 쥔 현금을 직원에게 건네지 않았다.

남편은 그런 줄도 모르고 산뜻한 기분으로 성큼성큼 앞장서서 나갔다. 뒤따라가는 나는 직원이 눈총을 쏘아대는 것 같아 뒤통수가 뜨끔거렸다. 볼일을 본 뒤, 뒤처리하지 않고 그냥 나온 듯 기분이 찜찜했다. 남편이 시키는 대로 했으면 내 마음도 깔끔할 텐데, 머릿속이 뒤숭숭해졌다.

같이 서비스를 받았으면서도 봉사료에 대한 개념이 왜 이렇게 다른 걸까. 남편과 작은아들, 나와 큰아들, 편이 갈렸다. 가족은 경제적으로 공통분모를 가졌는데, 왜 그런 차이가 났던 걸까. 따져보니 마음 씀씀이는 부자냐 가난하냐의 문제가 아니라 타고난 기질이 좌우하는 것 같다. 남편은 푼더분한 성격으로 평소에도 정을 흠뻑 내는 편이고, 융통성 없고 성마른 나는 내 앞가림만 신경 쓰는 편이었다. 이런 품성을 남편은 작은아들에게, 나는 큰아들에게 대물림했나 보다. 넉넉한 마음을 닮고 싶지만, 마음만 앞설 뿐 원형질의 특성은 넘어서지 못하는 모양이다.

딩동, 좀 전에 갔던 식당에서 만족도 평가 문자가 날아온다. 잽싸게 내용을 훑어본다. 고맙고 미안한 마음을 갚을 수 있는 기회다! 모든 질문에 대하여 매우 만족 칸에 체크해 준다. 특별히 남기고 싶은 말을 쓰는 칸에도 비워 두지 않고 손가락을 꼭꼭 눌러쓴다. 12시 30분, 17번 방 담당 직원의 서비스가 매우 훌륭했노라고.

그나저나 팁을 '인 마이 포켓'한 사실을 남편에게 고백해야 하나, 말아야 하나. 사실대로 말한다면 분명 쯧쯧쯧 혀 차는 소리가 요란할 텐데…. 긁어 부스럼 낼 것 같아 지금은 그냥 넘어가기로 한다.

물건에만 명품이 있는 것은 아니다.
사람도 명품이 있다.
사람 명품은 한낱 물건명품보다 훨씬 귀하다.
'명품 사람'을 마주한 감격으로 가슴 뛰는 소리가 들리는 듯하다.

제3부

명품 사람

- 이런 인연
- 명품 사람
- 달리아 그녀
- 우리 동네 느티나무
- 그 골목길의 기억
- 왜가리의 사냥법
- 2m
- 환상통
- 잔나비를 오마주하다

이런 인연

 사그락 사그락, 원고 교정지 넘기는 소리만 감도는 공간이다. 침 삼키는 소리마저 들리는 편집실에서 누군가가 '쯧쯧' 소리를 낸다.
 "이 사람도 이름이 제대로 불리기는 어렵겠군."
 한 편집위원이 원고 주인의 이름을 보고 하는 말이다. 뜻밖의 말에 귀가 쫑긋 선다. 그는 자신의 이름이 흔히 쓰는 글자가 아니라서 잘못 불리는 경우를 겪다 보니 동병상련을 느꼈던 모양이다.
 그때 내 옆에 있는 사람이 고개를 들고 빙긋이 웃는다. 뭔가

할 말이 있다는 눈치다. 원고를 보느라 눈이 아프던 차에 다들 고개를 들어 궁금한 표정을 한꺼번에 보내니 기꺼이 내막을 들려준다. 부군의 이름이 워낙 특이해서 잘못 불리는 경우가 허다한데, 그 이름이 '해포'란다. 해포라고 또박또박 일러줘도 사람들이 십중팔구는 '해표'로 듣는지라 그때마다 바다 海, 물가 浦 라고 한자까지 동원해서 꼭꼭 짚어주곤 한단다.

까르르하며 합창으로 웃던 중, 같은 이름을 가진 얼굴이 뇌리에 스친다. 혹시 하는 마음에 성까지 물어본다. 기억 속의 사람과 이름도 성도 같다. 동명이인일 수도 있겠으나 왠지 내가 알고 있는 사람이 맞을 것 같은 예감에 마음이 급해져서 재차 묻는다.

"혹시, 영천에서 약국 하시는 분인가요?"

"맞아요!"

벌러덩 자빠질 판이다. 눈이 휘둥그레진 채 서로를 쳐다본다. 이런 인연도 있나 싶어 옆 사람의 손을 덥석 잡는다. 옆 사람은 나와 다른 장르의 글을 쓰고 있으며 문학동네에서 제법 이름을 날리는 시인이다. 두 해 정도 같이 일하면서 식사도 하고 차도 마시면서 이런저런 살아가는 이야기도 나누곤 했는데, 처음 알게 된 사실이다. 그러니까 그 특이한 이름의 주인공은 내 옆지기가 오래전에 가게를 열었던 건물의 주인이다.

삼십여 년 전이었다. 혼기를 훌쩍 넘긴 나이의 남편과 내가 부부로 살게 되었다. 얼른 부자가 되고 싶은 마음이 앞서 남편은 결혼하자마자 직장에 사표를 내던지고 컴퓨터 가게를 열었다. 컴퓨터 전문회사에 근무했던 기술을 잘 살리면 돈을 많이 벌 거라는 기대로 마음은 시작부터 장밋빛이었다. 하지만 당시의 컴퓨터는 한두 푼 하는 물건이 아니어서 소수의 사람만 사용했다. 시류에 앞서 가게를 연 탓에 사람들은 호기심으로만 드나들 뿐, 구매는 하지 않았다.

벌이는 없는데 임대료 내는 날짜는 득달같이 달려왔다. 남편과 나, 주변 사람들의 돈까지 긁어모아 가게를 차린 바람에 지갑이 텅 비어 있었다. 월세를 내는 날마다 건물 주인을 향해 고개를 조아리며 보증금에서 월세를 제하라는 말밖에 달리 방법이 없었다. 하지만 주인은 장사가 잘될 때 줘도 되니 염려 말라고 손사래를 쳤다. 그리고 우리가 부르는 대로 가격을 깎지도 않고 선뜻 컴퓨터를 사 주었다.

건물 주인은 대구 근교의 소도시에서 약국을 운영하는 사람이었다. 남편보다 두엇 적은 나이에 훤칠한 키, 귀티 나는 얼굴을 가졌다. 한 마디로 이태리 배우 같았다. 늘 혼자서 가게에 들리는지라 정확하지는 모르겠으나 우리처럼 갓 결혼한 듯 보였다. 젊은 사람이 동네에 들어가는 길목에 일곱, 여덟 개의 점포가 딸린 건물을 갖고 있었다.

그때 우리 가게는 가뭄에 콩 날만큼만 컴퓨터가 팔려서 근근이 명줄만 잇는 형편이었다. 와중에 컴퓨터 한 대 값을 계약금으로 내고 다섯 대를 가지고 간 사람이 흔적 없이 사라진 일도 벌어졌다. 장사 처음 하는 사람에게 사기꾼이 덤빈 것이다. 주인은 우리 사정을 알고 보증금이 바닥 나도 집세 이야기를 꺼내지 않았다. 건물 관리 문제로 가끔 들렀지만, 커피믹스 한 잔 마시고는 씽긋 웃어주며 가게 문을 나섰다.

기대감으로 시작한 가게지만 녹록지 않은 상황을 맞닥뜨리면서 기가 꺾였다. 그만 보따리를 싸고 싶은 마음이 들 때도 있었지만 건물주인의 배려로 버티는 중이었다. 이윽고 계약 기간이 끝나갈 무렵이었다. 우리가 바라던 따스한 바람이 그때부터 불기 시작했다. 관청과 기업의 전산화를 선두로 바람은 가정까지 파고들었다. 그동안 무심하게 지나쳤던 사람들도 일찍 시작한 우리 가게를 잊지 않고 찾아주었다. 값싸고 성능 좋은 컴퓨터가 인기를 끌던 때라 남편은 부품을 직접 조립해서 자신이 고안한 상표를 붙여서 팔았다. 입소문을 타고 손님이 늘어나는 바람에 휴일에도 쉴 틈 없는 나날이었다.

건물 주인이 보내준 봄날의 햇살 같은 배려가 철없이 시작한 사업의 애로사항을 견디게 해주었다. 덕분에 궁핍했던 생활도 벗어나게 되었고, 가게의 몸집도 불려 갈 수 있었다.

오래전 일이었지만 지난날을 떠올려보면 건물 주인은 참으로 따뜻한 사람이다. 그런데 옆에 앉은 사람이 그의 부인이라니, 이런 인연도 있나 싶다. 나는 당시, 글과는 아주 먼 동네에 있었던지라 그의 부인과 이렇게 연결되리라고는 꿈에도 생각지 못하고 살았다. 그러고 보면 인연 참, 알 수 없는 것이다.

명품사람

그녀와 인연이 된 것은 동네 모임에서였다. 삼십여 명이 모이는 봉사단체에서 나와 그녀는 나이가 어금버금하고 마음이 잘 통해서 자주 만나는 사이가 되었다.

그녀는 우윳빛 얼굴에 커다란 눈망울을 가졌다. 까맣고 긴 속눈썹을 껌뻑거릴 때는 순박해 보이기 그지없다. 옷마저 흰색 계열을 즐겨 입으니 마치 백합을 보는 듯하다.

거기에 성실하고 따사로운 마음까지 장착했다. 모임에서 일을 하다 보면 버거운 일은 대부분 꽁무니를 빼는데, 그녀는 팔을 걷어붙이고 나선다. 짐을 들고서도 빈손인 나보다 행동이 더 민첩하다. 백합 같은 모습에 어찌 저런 행동이 나올까 싶어 눈을 동그랗게 뜨고 볼 때가 한두 번이 아니다. 간혹, 잘 통하는 사람 몇이서 만나는 날에는 밥값 계산에 선수를 치는 예쁜 짓도 서슴지 않는 그녀다.

어느 날, 그녀 집에 초대받았다. 상차림을 보고 깜짝 놀랐다. 나는 기껏해야 빵조각에 차 한 잔 대접했는데 반찬이 스무 가지는 됨직했다. 요것조것 권해주는 그녀의 손길에 배를 두드려가며 그릇을 비웠다.

설거지를 돕느라 냉장고 문을 열어보니 음식 재료가 가득 찼다. 객지에 있는 자녀들과 연로한 부모님께 찬을 나르기도 해서 항상 준비해두는 거라고 했다. 평소에 오일장까지 가서 장을 본다던 의문도 풀렸다.

음식 만들기를 즐길 뿐 아니라 정원도 잘 가꾸어서 그녀 집에 가면 사시사철 꽃을 볼 수 있다. 한 평 남짓한 우리 집 꽃밭도 눈여겨보고 손길을 보태준다.

최근, 그녀가 지나가는 길에 우리 집에 들렀다. 차를 마시며 이야기를 나누던 중, 의자에 걸려있던 내 가방을 보았다. 그 가방이 마음에 들었는지 며칠 뒤 동창회에 가는데 좀 빌려줄 수 있는지 물었다. 내 손에 들어온 지 얼마 되지 않은 것이었지만 흔쾌히 쓰라고 했다.

그녀가 가방을 빌려가고 일주일이 지나도 깜깜소식이었다. 인품으로 보아 쓰고 나면 바로 가져올 사람이다. 그런데 무슨 사연인지 날을 자꾸 보내고 있었다.

일주일 후, 마침내 그녀가 우리 집 대문을 두드렸다. 흙빛의 얼굴에 엉거주춤한 모습이 평소 같지 않았다. 분명히 가방을 돌려주러 온 것 같은데 머뭇거리기만 했다. 왜 그러냐고 했더니 자초지종을 풀어놓았다.

일 년에 한 번 모이는 동창회 날, 깔맞춤해서 나갔다. 동창들이 어느 정도 모여들자 회비를 거두었다. 봉투에 찬조금도 얹어 넣고 이름을 써서 냈다. 이런 일이 일어날 줄 상상이나 했을까. 볼펜을 가방에 넣는 찰라, 그만 가방 속에 볼펜 자국을 내고 말았다. 그때부터 '맨붕'이 되어 반가운 친구도, 먹음직스런 음식도 뒷전이었다. 그 즐거운 자리를 박차고 잰걸음으로 귀가했다.

여기저기 가방 세탁법을 수소문해보았다. 마침내 인터넷 사이트에서 찾아낸 뒤, 가방을 세탁해서 줘도 되는지 물어보러 온 것이었다. 그녀의 태도로 보아 흠이 크게 난 것 같았다. 나도 당황스러워 당기다시피 가방을 받아서 살펴보았다. 그런데 손가락 길이

만큼 볼펜 줄이 그어져 있었다.

　나는 안도하며 그냥 줘도 된다고 했다. 사용하는 물건이 영원히 새것일 수 있겠냐고, 시간문제이지 내가 쓰다가도 흠은 언제라도 낼 수 있으니 괜찮다는 마음을 전했다. 미안해하는 그녀에게 내가 한 거나 마찬가지라며 어깨를 감싸주었다.

　그녀는 뒷머리를 긁으며 세탁비로 쓰라고 내게 봉투를 건넸다. 나는 손사래를 치며 그녀의 가슴팍에 봉투를 도로 넣어주고 그녀의 등을 떠밀었다. 하지만 그녀는 한사코 봉투를 다시 내 주머니에 깊이 찔러주고 갔다. 다가오는 그녀의 딸 혼사에 축의금에 딸려 보낼 요량으로 더 이상 실랑이를 벌이지 않았다.

　그런 일이 있고, 가방 일을 새까맣게 잊고 지냈다. 거의 반년이 지났을 즈음 그녀가 카페로 나를 불렀다. 굳이 카페에서는 잘 만나지 않는데 웬일인가 싶었다. 그녀는 의자 뒤에서 무언가를 주섬주섬 꺼냈다. 눈에 익은 물건이었다. 그녀에게 빌려주었던 가방이 내게 처음 왔을 때 포장 주머니와 같았다. 주머니에서 꺼낸 가방도 내 것과 똑같은 것이었다. 그 가방을 내 앞으로 밀었다.

　어떻게 된 거냐고 묻자, 그 일 이후 가시방석에 앉은 듯해서 그냥 있을 수가 없더라는 것이었다. 마침 올해가 회갑이어서 자녀들이 어떤 선물을 받고 싶은지 묻길래 그 가방을 원한다고 했단다.

아이들이 여러 곳에 알아보고 해외 매장에서 주문했다는 것이다.

  사실, 나는 명품에 대한 로망이 별로 없다. 없는 것이 아니라 내 형편에 맞게 그저 경제적, 합리적인 면으로 물건을 구입하는 처지라 명품과 나는 가깝지가 않다. 외국에서 사업을 하는 시누이가 우리 집에 올 때 사다 줘서 지니게 된 것이다. 새 가방이라고 들고 다니면 사람들이 명품이라고 말해줘서 그런 줄로만 알고 있다.

  나는 도저히 받을 수 없다 했고, 그녀는 내가 받지 않으면 계속 빚진 기분이 들 거라고 맞섰다. 그녀와 밀고 당기는 사이 테이블 위에서 가방이 그녀와 나 사이를 오고 갔다.

  실랑이를 매듭지어야 했다. 가방을 테이블 중간에 멈춰놓고 진심을 알려 주었다. 내 가방에는 시누이의 정이, 그녀의 가방은 자녀들의 정성이 담겨 있으므로 가방을 바꿀 필요 없이 각자 자기 것을 쓰는 것이 좋겠다고. 같은 가방일지라도 서로에게 소중한 사연이 담겨 있는데, 바꿔서 쓰게 되면 그 기분은 또 얼마나 불편하겠냐고 하자 그녀의 마음이 수그러들었다.

  물건에만 명품이 있는 것은 아니다. 사람도 명품이 있다. 사람 명품은 한낱 물건명품보다 훨씬 귀하다. '명품 사람'을 마주한 감격으로 가슴 뛰는 소리가 들리는 듯하다.

달리아 그녀

 꽃집을 지나는 길이다. 빨간 꽃잎 여러 장이 동그랗게 송이를 이룬 달리아가 눈길을 끈다. 여느 꽃보다 탐스럽고, 윤기가 자르르 흐르는 꽃잎에서 생기가 전해온다.

 알고 보니 달리아는 빛깔도 다양하다. 빨강, 노랑, 주황, 분홍, 하양, 보라, 무지개색으로 핀다. 꽃 색깔에 따라 고유의 상징도 지녔다. 하양은 순수, 분홍은 여성스러움, 주황은 열정, 노랑은 도전, 빨강은 힘, 보라는 헌신, 무지개 색은 화려함의 의미를 가졌다.

팔색조 달리아와 닮은 그녀를 만나게 된 것은, 글쓰기 동아리에서였다. 지천명에 접어든 그녀는 날씬한 몸매에 얼굴에는 젖살이 빠지지 않은 듯, 동글동글하니 복스럽고 발랄하게 보였다. 고생이란 걸 모르고 산 사람처럼 순수한 모습이었다.

과제로 써낸 작품 속에서 그녀는 첫인상과 아주 달랐다. 어려운 환경에서도 남다른 열정과 도전의 힘을 보유하고 있었다. 중학교를 중퇴하고 공장에서 일하는 형편이었지만, 사무직으로 갈 수 있는 자격증을 따서 일자리를 옮겼다. 거기에 머무르지 않고 끝없이 연마하여 중, 고등학교 졸업장은 물론, 학사 학위를 거머쥐고 유치원 선생님이 되는 꿈을 이루었다. 결혼하고도 석사학위까지 취득하여 교육 전문가가 되었다.

그녀의 또 다른 모습을 발견하는 기회가 있었다. 내가 진행하는 '북 테라피' 프로그램에서였다. 가족 사랑을 테마로 책을 읽고 이야기를 나누었는데, 가족 구성원이 남달라서 깜짝 놀랐다. 요즘은 대부분 혼자나 둘, 많아야 넷이 사는 가정이 많은데, 그녀의 식구는 여섯이었다. 그녀 부부와 자녀 둘, 홀로 된 시어머님과 친정 어머니였다.

그뿐만 아니었다. 시아버님과 친정 부친 제사도 그녀가 모셨다. 그리고 대식구의 생계를 위해 '야쿠르트 아줌마'가 되기도 했었다. 그녀의 헌신에 감탄사가 절로 나왔다. 하지만 그녀는 본인이 맡아야 할 형편이라면서 상냥한 얼굴로 환하게 미소 지었다.

최근에는 그녀의 보이는 것 너머, 반전의 모습을 발견하는 기회도 왔다. 글쓰기 동아리에서 앙코르와트에 5박 6일 여행을 갔었다. 출발할 때 공항에서부터 그녀의 캐리어가 커서 눈길을 끌었다. 저 속에 과연 무엇이 들었을까 궁금증이 일었다.

하루 꼬박 걸려 캄보디아에 도착했다. 저녁을 먹고 숙소에서 여장을 풀었다. 여행 첫날이라 아직 기운이 남아있는데, 그냥 잠만 자고 보낼 수는 없지 않은가. 회원 중, 젊은 축에 드는 사람들은 호텔 수영장으로 하나, 둘 모여들었다. 딱히 수영하러 나온 게 아니라서 다들 반바지에 티셔츠 차림이었다. 그러나 단 한 사람, 달리아를 닮은 그녀는 수영복을 갖춰 입고 비치타월을 두르고 나왔다. 뜻밖의 그녀 모습에 모두 눈이 휘둥그레졌지만, 은은한 불빛 아래서 물개처럼 수영하는 그녀가 멋지게 보였다. 물가 벤치에 앉은 엑스트라들은 수영하는 그녀에게 이따금 손을 흔들어 주면서 이야기꽃을 피웠다.

현지 여행 첫날 아침이었다. 회원들은 여행지 패션으로 늘 입던 스타일에서 크게 벗어나지 않게 나름 멋스럽게 차려입었다. 그런데 그녀는 사시사철 뜨거운 나라의 강렬한 태양 빛보다 더 붉은 원피스를 걸치고, 모딜리아니 그림 속의 여자처럼 꽃을 단 모자를 썼다. 거기에 하늘거리는 쉬폰 스카프를 발끝까지 늘어뜨리고, 발가락이 섹시하게 보이는 샌들과 귀걸이, 목걸이, 팔찌까지 깔맞춤 해서 나타났다. 타의 추종을 불허하는 그녀의 모습에 일행들은 속으로 '엄매 기죽어' 하면서도 다들 엄지를 추켜세웠다.

다음날은 통통배를 타고 톤레삽호수를 구경하는 날이었다. 이 날도 그녀는 눈이 시리도록 파란 코발트블루의 원피스를 걸치고 나와서 이목을 끌었다. 더운 날씨지만 그녀를 바라보면 절로 시원해지는 기분이 들었다. 뱃사공이 선물로 준 러브하와이 화관을 쓰고, 맹그로브 나무 사이에서 불어오는 바람에 그녀의 치맛자락이 살랑살랑 날릴 때면, 바다의 여신 도리스는 저리 가라였다.

그녀의 화려한 차림새가 이어졌다. 다음날은 노랑, 또 다음날은 초록 의상에 장신구들을 매치해서 입었다. 조식을 먹을 때, 여행지에 갈 때, 야시장을 둘러볼 때, 밤에 삼삼오오 모여 뒤풀이 할 때, 그 시간에 맞춰서 컬러풀하게 또는 MZ세대처럼 갖춰 입었다. 회원들은 앙코르 유적지를 구경하는 재미도 물론이지만, 덤으로 때때마다 그녀의 변신을 기대하는 즐거움이 생겼고, 그녀는 결코 그 기대를 실망시키지 않았다. 무지개색 달리아꽃 그 자체였다. 여행을 올 때 케리어가 남달리 큰 실마리가 풀렸다. 저렇게 의

상을 갖추기까지 여행을 오기 전, 몇 날 며칠 준비하는 기쁨도 만만치 않았으리라.

달리아 그녀, 삶을 대하는 태도를 가만히 생각해 본다. 아마도 매 순간 최선을 다하면서 춤을 추듯이 즐겁게 살아가는 것 아니겠는가. 그런 철학을 실천하면서 살기에 상황에 맞게 다양한 빛깔로 발현되리라.

그녀는 지금 논술학원을 열었다. 동그란 눈을 반짝이며 포부를 이야기하는 모습이 당차다. 백 세 인생으로 볼 때 그녀 나이 반백이니 앞으로 얼마나 더 새로운 빛깔을 보여줄지 모른다.

우리 동네 느티나무

 시골 마을을 들어서다 보면 어떤 풍경과 조우하게 된다. 마을 어귀에 느티나무가 수호신처럼 서 있는 모습이다.

 사방으로 품을 펼친 느티나무 아래는 의자나 평상이 놓여 있다. 그늘을 찾아오는 사람들이 쉬었다 갈 수 있는 자리다. 또한, 마을 일을 해결하러 모이는 소통의 장소이기도 하다.

 우리 동네도 느티나무가 있다. 가만히 서서 동네를 지키고 오는 사람에게만 그늘을 내어주는 보통 느티나무가 아니다. 신발이 닳도록 동네를 돌면서 주민들을 만나고, 시원한 그늘이 되어주려고 애쓰는 사람 느티나무다. 바로 우리 동네 C 의원이다.

그는 기초의회 의원이다. 헌칠한 키에 운동으로 다져진 체격은 느티나무처럼 듬직하다. 따스한 마음이 더해져서 편안한 기운도 우러나온다. 거기에 다선 의원으로서 역량과 경륜도 갖추었다. 그런 그가 동네를 둘러볼 때면 주민들은 여름날 느티나무 그늘에 들 듯 무람없이 다가와서 요구사항들을 풀어놓는다.

그가 우리 동네에 터를 잡은 시기는, 결혼하고 먹살이로 보석 가게를 열고부터였다. 동네 주민들은 태어나서 줄곧 살고 있는 사람들이 대부분이다. 마을 일도 터줏대감들이 앞장섰으며 그들이 주류를 이루었다. 그는 그런 낯설고 물선 곳에서 싹을 틔워 둥치를 키우고 가지를 뻗은 지 근 40년 세월이다.

당시 동네에는 금은방이 몇 군데나 있었다. 지나칠 때마다 그의 가게를 들여다보면 손님이 끊이지 않았다. 보석 가게를 운영하자면 무엇보다 믿음이 받쳐줘야 하는데 그가 얼마나 진실한지를 가늠할 수 있는 풍경이다.

그는 서비스 정신도 특별하다. 한번은 진주목걸이를 샀는데 착용하기 편하여 일 년 내내 걸고 있었다. 진주알이 누렇게 변하고 몸에 닿은 부분은 닳아서 동그랗던 모양이 타원형으로 변했다. 천연 진주는 필요할 때만 착용하고 잘 닦아서 보관해야 변질이 없다고 알려주었다. 사용법을 미리 알려주지 않은 것이 불찰이라며 기분 좋게 새 진주알로 끼워주었다.

주민을 위한 봉사 이력도 만만치 않다. 보석 가게를 열면서 시작했으니 구의원이 되기 훨씬 이전부터다. 마을 청년회며 자율방범대, 바르게 살기 등 열 손가락으로 세기가 부족할 정도로 단체에 몸담고 활동해 왔다.

진심으로 사람을 대하고 성실하게 봉사활동을 한 그는 사람 부자가 되었다. 주민들이 그를 기초의원 후보로 추천했을 때, 부담스럽다며 손사래를 쳤다. 그의 사람됨과 마을을 위해 목소리를 낼 수 있는 소신을 보았기에 주민들은 끝까지 그의 등을 밀었다. 주민들의 뜻을 받들어 늘 해오던 자세로 자칭 '발로 뛰는 주민의 심부름꾼'으로 나섰다.

그는 3선 구의원으로서 활동 중이다. 항시 지역 발전과 주민을 위하는 사명감을 잃지 않는다. 눈만 뜨면 동네를 누비고 다녀 지역 현안과 민원을 세세하게 꿰고 있다. 그런 그를 향해 주민으로서 양쪽 손을 들어 엄지를 척 세워 주고 싶다.

한편, 걱정스러운 마음도 든다. 그가 집에서는 좋은 점수를 못 받을 것 같아서다. 바깥일에만 관심을 쏟으니, 가정의 소는 누가 키우고, 밥은 어떻게 해결하냔 말이다. 오만상 바가지 긁히면서 살지 않을까 염려된다. 그러나 그것 또한 기우다. 부인도 교육공무원으로서 부군의 일에 응원을 아끼지 않으니, 그는 대놓고 자신의 책무에 열중할 수 있다.

며칠 전부터 동네 네거리에 경축 현수막이 펄럭인다. 지하철역에 동쪽 출구가 신설된다는 내용이다. 건설 당시 예산 부족으로 당초 계획했던 출구를 모두 개통하지 못했다. 주민들에게 불편과 위험이 따랐다. 그가 오랫동안 구정질문과 5분 발언을 통하여 공론화시킨 끝에 동편 출입구가 나게 되었다. 현수막에는 사업을 성사시킨 그의 이름과 얼굴도 보인다. 숙원 사업이 이루어진 사실을 주민들과 함께 축하하자는 의미의 현수막이다.

앞으로도 그의 행보에 기대를 건다. 느티나무의 둥치가 커지고 수관이 더 넓어져서 시원한 그늘을 줄 수 있는 폭이 한층 넓어지리라. 우리 동네는 느티나무 C 의원이 지켜줘서 활기차게 도약하고 있다.

그 골목의 기억

골목길 하면 떠오르는 몇 가지 풍경이 있다. 기억을 더듬어 볼 때 가장 인상적인 것은 단연 그 장면이다. 순전히 나 혼자만의 기억 속에 박제되어 있을 뿐이지만 말이다.

고등학교에 다닐 때였다. 시골 고향 집을 떠나 대구에 사는 언니 집에서 학교에 다녔다. 손꼽아 보니 계절이 수십 번 바뀌는 세월이 흘렀다.

언니 집은 경신고등학교 부근이었다. 지금은 옛 모습을 찾아볼 수 없을 만큼 개발이 되어 대구의 강남으로 일컫지만, 당시 그곳에는 집 옆에 논과 밭도 있었다. 집들은 2층 주택이 대부분이었고, 여기저기서 아파트를 짓느라 뚝딱거리는 소리가 들려오기도 했다.

  옹기종기 모여있는 주택 사이에는 오,륙십 미터 되는 골목이 있었다. 좁은 골목은 어린아이들이 세발자전거도 타고, 구슬 따먹기, 딱지치기도 하면서 잘 놀다가도 때로는 뒤엉켜 싸우기도 하는 배꼽마당이었다. 또한, 아내들이 출근하는 가장의 넥타이를 바로 잡아주며 출근 인사를 하고, 퇴근 시간이면 깔끔하게 씻긴 아이들을 앞장 세우고 가장을 기다리는 곳이기도 했다.

  주말이면 자의 반 타의 반으로 어린 조카들을 돌봤다. 조카들은 골목을 사이에 두고 언니 집과 마주 보는 집 형제들과 잘 놀았다. 명목상 조카들 돌보기였으나 손 갈 일이 없었다. 대문간에 걸터앉아 시집을 읽으면서 노는 아이들에게 가끔 눈길만 보냈다.

  언니 집과 마주 보는 집, 그러니까 앞집 형제들과 조카들이 자주 어울리자 언니도 그 아이들 엄마와 자연스럽게 어울렸다. 그 엄마는 안동에서 학교를 나왔고, 언니는 봉화가 고향이니 같은 지역에 연고가 있는 사람들이라 더욱 가까워질 수 있었다. 우연이지만 골목을 사이에 두고 살며, 아들 형제를 두었으니 공감대를 퍽 느끼는 듯했다. 그런데 몇 달이 가도 앞집 가장은 보이지 않앉다.

어느날 저녁이었다. 흥에 겨운 노랫소리가 들렸다. 담으로 고개를 삐죽 내밀어 보니 풍채 좋은 남자가 보였다. 기분 좋게 취해서 콧노래를 흥얼거리며 골목으로 들어오고 있었다. 앞집 아이들 엄마가 남자의 노랫소리에 잽싸게 골목으로 나왔다. 호리호리한 몸매로 남자에게 착 감기니, 남자가 껄껄껄 웃으며 굵은 팔로 그녀의 허리를 감았다. 밤이라서 실루엣만 보였지만 그 남자는 앞집 가장이었다. 마주보며 걸어오는 부부의 모습은 행복 그 자체였다.

그 얼마 뒤부터 골목에는 앞집 아이들이 보이지 않았다. 언니에게 물으니 새로 지은 아파트로 이사했단다. 이사 간 집에 가보았다는 말을 들은 지 얼마 되지 않았는데, 또 서울로 떠났다는 소식을 전해주었다. 그집 가장은 무슨 일을 하길래 이사가 그리 잦으냐고 물었더니 기자이며 글 쓰는 사람이라고 일러주었다.

뜻밖에도 그 사람은 소설가 이문열 선생이었다. 당시 나는 선생의 이름이 생소하게 들렸다. 그때는 릴케나 푸시킨, 하이네의 시를 외우고 소설도 외국 작가들 작품을 끼고 다닐 때였으니까.

지금 선생의 연혁을 가만 짚어보니 그 골목 집에 잠깐 거주할 적에는 대구의 신문사에서 기자 생활을 할 때였다. 그날 기분 좋게 골목에 들어선 연유는, 짐작하건대 신춘문예나 작가상에 당선

되어 지인들과 축하주를 들고 귀가할 때가 아니었을까 싶다.

선생을 직접 본 것은 그 골목에서 딱 한 번뿐이다. 그것도 밤중에 어렴풋이. 그때의 골목 풍경은 세월따라 흔적없이 사라졌다. 하지만 그 밤의 장면이 오롯이 기억에 남아있는 까닭은, 부부의 행복한 모습이 감수성 예민했던 여고생의 가슴에 고운 무늬로 파문을 일으켰기 때문이리라.

왜가리의 사냥법

 달팽이 걸음으로 강변을 걷는다. 잠수교를 건너서 물과 풀이 어우러진 습지를 지난다. 호젓해 보이는 습지는 새들의 먹이 사냥으로 첨벙거리고, 은빛 물방울이 튀어 오른다.
 부리가 뭉툭한 오리, 목이 짧은 물닭, 작은 몸피의 물까마귀는 쉴 새 없이 자맥질하며 먹이를 찾는다. 그런가 하면 왜가리는 긴 다리로 서서 이들이 하는 꼴을 가만히 지켜보고 있다. 고만고만한 물새 떼가 물질하는 통에 물고기가 놀라 도망가면, 긴 모가지를 작살 발사하듯 뻗어서 뾰족한 부리로 먹이를 낚아챈다. 왜가리의 먹이질을 물끄러미 바라보노라니 누군가의 모습이 오버랩 된다.

내가 살고 있는 집 앞쪽이 재건축 허가가 났다. 헌 집들을 부수고 철거하느라 날마다 시끄럽고 먼지가 날렸다. 조용한 주택가이다 보니 건설 현장의 공해가 더 크게 느껴져 스트레스가 여간 아니었다. 이웃들과 뭉쳐 구청으로, 건설사로 찾아가 항의했다. 돌아오는 답은 제한 소음 수치를 넘지 않게, 먼지가 덜 나도록 주의하겠다는 것이었다.

삼복더위에도 소음과 먼지로 문을 열 수가 없었다. 방에 누워 있으면 굴착기가 땅을 파는 소리로 고막이 탕탕탕 울렸다. 아파트를 지으려면 한두 달 걸리는 것도 아니고 삼 년은 족히 걸린다는데, 그동안 땅 파고 건물 올리면서 동반되는 공해를 감당해야 한다니 고통이 몰려들었다.

더 이상 참을 수가 없었다. 새벽부터 공사 현장 대문 앞에 자리를 깔았다. 이웃이 모두 모여서, 또는 팀을 짜서 시위를 벌였다. 며칠 대문이 막혀 공사가 어렵게 되자 건설사 담당자가 얼굴을 내밀었다. 다음날 사무실에서 만나자고 했다.

참으로 이상한 일이 한 가지가 있었다. 부녀회장이 집회에 한 번도 참석하지 않았다. 역도선수 같은 몸집이지만 활동적이고, 우렁찬 목소리를 가진 사람이라 앞장설 줄 알았는데 아니었다. 초기에 구청과 건설사 사무실에 찾아갈 때 몇 번 동행하더니 바쁘다며 슬그머니 꽁무니를 뺐다. 장 구루마를 끌고 시위 장소를 지나가면서도 힐끗 보고는 그냥 지나쳤다.

다음날, 이웃들과 건설사 사무실로 우르르 몰려갔다. 부녀회장도 보였다. 담당자가 요구사항을 물었다. 몰려간 사람들은 공해로 스트레스가 이만저만 아니니 공사를 당장 멈추라고 고함을 질렀다. 담당자는 그럴 수 없다는 것을 잘 알지 않냐며 답답할 것 없다는 투로 대답했다. 그렇다면 피해를 주는 만큼 보상을 하라고 몇몇이 목소리를 높였다.

담당자는 뻔한 수순이 왔다는 듯 회사가 정해놓은 보상금을 제시했다. 가당찮은 금액이었다. 승인하는 사람은 합의하러 오라는 말을 던졌다. 고급 아파트가 완공되면 주변의 집값이 올라간다는 말도 빠뜨리지 않았다. 담당자와 주민들 사이에 의견이 오고 가도 우리의 부녀회장은 묵묵히 자리만 지키고 있었다.

주민들의 생각이 엇갈렸다. 법적으로 끌고 가자, 시위를 더 하자, 큰 회사를 상대로 이길 수 없으니 그만하자는 것으로 분분했다. 시간 내기 어려운 사람들은 그만 하자에 표를 던지며 하나, 둘 보상금을 받으러 갔다. 꿋꿋이 뜻을 세운 사람들도 힘이 빠지자 결국 에어컨과 공기청정기 살 돈을 받으러 갔다.

보상금 문제가 해결되고 얼마 후였다. 부녀회장이 건설사 로고가 새겨진 조끼를 입고 건설 현장 주변에서 지휘봉을 들고 차량 통제를 하고 있었다. 아하, 바로 그것이었구나! 건설사가 부녀회장을 움직이지 못하게 처방해 두었던 것이다. 그제야 연배가 비슷하여 평소에 부녀회장과 잘 어울리던 아주머니들도 목덜미만 잡고 있지 않았다. 건설사 사무실로 찾아가 자기들도 그 일을 시켜주면 잘 할 수 있으니 몇 달씩 돌아가면서 하면 안 되느냐고 머리를 조아렸다. 그러나 허사였다.

부녀회장은 평소에 나를 동생이라고 불렀다. 하루는 집 앞에서 동생, 동생 하며 숨넘어갈 듯이 부르길래 나가보았다. 큰 회사 직원 됐다고, 열 달 동안 일하게 됐다면서 월급 통장을 보여주었다. 그러더니 건설사 사무실에 청소하는 아줌마를 구하는데 할 수 있겠냐고 물었다. 고맙지만 나는 청소도 잘하지 못하고 하는 일이 있으니 다른 사람에게 권해주는 것이 좋겠다고 손사래를 쳤다.

두 해 전, 부동산 값이 하늘을 찌를 때, 우리가 살고 있는 곳도 재개발 추진 중이어서 집 한 채를 팔면 다른 동네에서 두 채를 살 수 있었다. 부녀회장은 살던 집을 팔고 다른 동네에 집을 사 두고 건설사 일을 마치는 즉시 이사 갔다. 지금, 재개발도 흐지부지되고 집값도 곤두박질치고 있다. 이웃들은 부녀회장의 사냥법에 거듭 무릎을 친다.

  물비늘이 반짝이는 봄날의 습지. 오리, 물닭, 물까마귀는 여전히 자맥질하느라 바쁘고 왜가리는 긴 다리로 주변을 여유롭게 관망하며 서 있다.

2m

코로나에 발목이 잡혔다. 처음에는 일주일이면 풀려날 줄 알았다. 아니었다. 그래도 한 달이 가면 되겠지 싶었다. 하지만 날이 가고, 달이 가도 풀려날 기미가 없어 긴 시간 집에 갇히고 말았다.

하루에도 몇 번, 안전 문자가 날아든다. 모임이나 행사하지 않기, 손 자주 씻기, 마스크 하기, 실내 환기하기, 소독하기, 증상 시 다른 장소 방문하지 말기, 부득불 외출할 때는 사회적 거리를 지키라고 알뜰히도 알려준다.

안전 수칙 중에서 사회적 거리를 두라는 말이 머리에서 맴돈다.

코로나바이러스가 비말로 감염되기에 다른 사람이 재채기나 기침을 해도 분비물을 피할 수 있는 적당한 거리, 두 팔을 벌린 거리, 2m 간격을 두라는 것이다. 바이러스에 감염되지 않도록 타인과 물리적 거리를 지키라는 말을 귀에 딱지가 앉도록 듣다 보니 인간관계에서 바람직한 간격에 대해서도 다시금 생각해보게 된다.

큰아이가 초등학교에 다닐 때, 동네 아줌마 다섯 명이 모임을 시작했다. 다들 첫 아이 엄마로서 자녀 교육의 궁금증에 목이 말라 모임을 하게 되었다. 그중에 한 사람과 나는 첫 아이를 가졌을 때부터 알던 사이였다. 배를 내밀고 동네에 오가다 동병상련의 마음으로 만났다. 나머지 세 사람은 같은 반에 아이를 입학시키면서 낯을 익힌 사람들이었다.

다섯 사람 중에서 나는 아이를 가졌을 때부터 만난 사람과 가장 친했다. 그 사람은 한 살 어렸지만, 한사코 내게 언니라고 부르고 모임 사람들에게 높임말을 썼다. 나도 같이 높임말을 썼다. 나머지 세 사람은 자기들끼리 같은 아파트에 살면서 거리낌 없이 지내는 사이였다. 각자의 집에 숟가락이 몇 개인지도 알 정도였고, 너나들이 호칭을 썼다.

사이가 계속 찰떡같이 유지되었더라면 얼마나 좋았을까. 그들 세 사람 중에 두 사람이 더 친밀하게 지내자 그만 그들 사이가 삐

걱거리는 사달이 났다. 급기야 서운함을 느낀 한 사람이 불만을 터트리자 자기네들끼리 다툼이 벌어졌다.

결국 한 사람이 모임에서 빠지겠다고 했다. 나머지 두 사람도 모임을 못 하겠다고 알려왔다. 화해를 시켜도 봉합되지 않아 결국 모임을 그만하는 수밖에 없었다. 그 세 사람은 하나, 둘 다른 동네로 이사 갔고, 현재 어떻게 사는지도 모르고 지낸다. 하지만 나를 언니라고 부르는 사람과는 둘째 아이도 같은 시기에 낳아 키우면서 여전히 가까운 친구로 지내고 있다.

큰애가 중학교에 입학했을 때 또 모임이 생겼다. 이번에도 아이들 교육에 대한 정보교류와 친목을 도모하자는 모임이었다. 모이다 보니 다들 사는 곳이 다른 사람들이었다. 물리적인 거리가 있어서일까. 아니면 그 사람들도 나와 같은 경험으로 학부모 사이의 적정거리를 깨우친 걸까. 오래 봐와도 서로에게 격을 지키며 만나다보니 지금까지 좋은 관계가 유지된다. 지금, 아이들은 장성하여 각자 제 갈 길로 떠났다. 하지만 엄마들끼리는 여전히 모임을 가지고 있다. 같이 여행도 하고 집안의 경조사가 생길 때도 참여한다.

부모와 자녀, 부부, 형제, 사제, 친구 등 모든 인간관계에서 적정거리가 필요하다. 선을 넘지 않아야 성장의 관계가 된다는 것은 틀림없는 사실이다. 첫아이를 가졌을 때부터 알게 된 사람과 여전히 좋은 친구가 되는 것도, 아이들이 중학교에 다닐 때 시작한 모임을 여태까지 지속할 수 있는 까닭도 적절한 거리를 유지하기 때문이리라.

사람과 사람 사이에 지켜야 할 적정선을 따로 정해둔 것은 없다. 스스로 알아서 파악해야 한다. 관계마다 적정거리가 다 다르니 그 관계에 대해 지속적인 관심을 가져야만 얼마만큼의 거리를 유지해야 하는지 알 수 있다. 그러니 경험으로 얻을 수 있는 것이다. 이순을 바라보는 나이지만 아직도 관계마다의 적당한 거리 두기가 서툴러 덜컥거릴 때도 있고 관계가 끊겨버리는 경우도 있다. 아마 죽을 때까지도 적절한 거리를 완벽하게 실천하기는 힘들 것이다. 다만 관계가 풍요로울 수 있도록 노력을 기울일 뿐이다.

인간관계에서 적절한 간격을 유지해야 문제가 생기지 않듯, 코로나 상황에서도 안전거리를 지켜야 탈이 생기지 않을 것이다. 감염되면 다시는 돌아올 수 없는 길로 가는 것도, 회복돼도 후유증이 따른다는 것도 두 눈으로 똑똑히 지켜봤다. 그러니 백신이 나올 때까지 바이러스의 눈에 띄지 않는 것이 답이다. 집에 머물러 있는 것이 상책이지만 밖으로 꼭 나가야 할 때는 안전거리를 두는 길 밖에 달리 뾰족한 수가 없는 현실이다.

불행 중 다행인 것은 코로나바이러스와의 안전거리는 기준이 있다는 것이다. 잣대가 있으니 실천만 하면 된다. 사람들과 함께 밥 먹고, 수다 떨고, 영화 보고, 토론하고, 여행하고…. 늘 행했던 소소한 일상들의 소중함을 되새기는 나날이다. 그런 날이 당겨올 수 있도록 모두가 코로나를 막을 수 있는 규칙을 온전히 지켜야 하리라.

환상통

이태 전 입동 무렵이었다. 찬비가 추적추적 내리는 저녁, 남편을 따라 모임에 나갔다. 베이비부머 세대의 절정기에 태어난 개띠 남정네들 모임이다.

그들은 젊은 시절 봉사단체에서 만났다. 원기가 팔팔하던 시절, 구원투수가 필요 없을 때는 자기들끼리만 모였다. 나이 들면서 회원 수가 줄어들자 모임의 찰기가 떨어진다며 아내들의 손을 끌어당겼다.

회원들이 동네 식당으로 모여들었다. 커다란 접시에 담겨 김을

무럭무럭 피우는 아귀찜을 사이에 두고 둘러앉았다. 술도 종류별로 몇 병씩 시켰다. 취향대로 앞앞이 술잔을 채웠다. 술이 한 순배 돌자 구수한 냄새를 풍기는 밥이 들어왔다. 코를 벌름거리며 일제히 수저를 들었으나 의욕과는 달리 몇 숟가락 뜨지 못하고 하나, 둘 뒤로 물러났다.

밥도, 술도 반은 남았다. 한창때는 막걸리 한 말을 가소롭게 여기던 사람들 아니던가. 내가 보기에 그들이 잘 통한다는 것은 푸지게 먹고 마시는 것이지 싶었다. 하룻저녁에 대여섯 번 자리를 옮겨 가며 먹고 마시는 통에 신문이 배달되는 시간에 귀가하던 사람들이었다. 질펀한 부부싸움까지 벌어져 진을 빼고도, 몇 시간 푹 자고 나면 벌떡 일어나서 일터로 갈 수 있었다. 그러나 현실은 마음뿐, 과음 과식이 불감당한 나이가 되었다.

먹고 마셨으니 집으로 가야 할 텐데, 무슨 아쉬움이 남았는지 다들 뭉그적거렸다. 분위기를 전환해 보려는 듯, 비쩍 마르고 키가 큰 사람이 운을 떼었다. 옛날, 밤새도록 먹고 마시고 놀던 때가 좋았다며 '라떼 시리즈'를 소환했다. 그는 주유소를 운영해서 부자가 된 사람인데, 여러 번 허방을 짚는 바람에 사업체가 남의 손에 넘어갔다. 잘 나가던 때와 현실의 격차가 너무 심해서인지 얼굴에 먹구름이 잔뜩 끼었다.

한 사람이 이야기에 물꼬를 트자 그 옆에 대머리가 번쩍거리는 사람이 맞장구를 쳤다. 행정직 공무원으로 강산이 네 바퀴나 돌 때까지 공직에 몸담았었다. 승진을 위해 공부하고 성취의 기쁨을 누리며 구청에서 국장으로 퇴직했다.

그 옆, 옆에 근검절약이 몸에 배어서 어디를 가든 등산복 차림인 사람도 입맛을 쩍쩍 다시며 끼어들었다. H 대학 도서관장으로 근무했던 사람이다. 말단 직원에서 남보다 발 빠르게 움직여 원하던 자리에 올랐다가 퇴직했다.

맞은 편, 송충이 눈썹에 사각턱을 가진 사람도 한 말씀 거들었다. 중소기업을 운영하는 누나 회사에서 자신의 사업체인 양 몸 바쳐 일하며 회사를 키웠다. 하지만 조카들이 장성하여 자리를 차지하는 바람에 밀려나고 말았다.

마지막으로 배가 불룩하고 인상 좋은 남자도 이야기에 숟가락을 얹었다. 한때 컴퓨터 대리점, 휴대전화 대리점, PC방 등 문어발식으로 사업체를 늘여 갈 때도 있었지만, 세상의 먹이사슬에 잡아먹혀서 손을 놓았다.

빗소리는 배경음악이 되고, 그들은 라떼 이야기를 우려먹느라 시간 가는 줄 몰랐다. 예순을 훌쩍 넘은 사내들의 머리에는 서리가 허옇게 내렸고, 얼굴은 기름기가 말랐다. 다른 세대보다 머릿

수가 많아서 치열한 경쟁 속에서 살았던 사람들이다.

전성 시절 무용담을 늘어놓을 때는 화색이 돌더니 화제가 현실로 바뀌자 금방 어깻죽지가 꺾였다. 심심하네, 돈 떨어질까 봐 겁나네, 취업이 안 되네, 잉여 인간 같네, 우울증이 올 것 같네 하며 경력 단절의 넋두리가 늘어졌었다. 마치, 잘려져서 없어진 신체 부위의 통증을 호소하는 환자처럼, 이들은 현실을 자각하지 못하고 은퇴 전의 화려했던 기억에 사로잡혀 환상통을 앓고 있었다.

시간이 흐르면서 그들은 스스로 돌파구를 찾았다. 하나, 둘 다시 일을 가졌다. 과거의 경력에 매여 이것저것 가리는 것이 많아 취업에 여러 번 실패를 맛보더니 환상에서 깨어났다. 박봉이라도, 명예로운 자리가 아닐지라도 눈높이를 낮추어 단절되었던 경력을 이어 붙일 일을 구했다. 택시 운전, 환경관리공단의 공원 가꾸는 일, 건물 주차관리, 아파트 경비, 또는 기술을 배우면서 은퇴 후의 삶을 꾸려가고 있다.

없어진 신체 부위의 아픔을 느끼는 환상통은 이전의 기억 때문이다. 지난 연애가 눈부시게 황홀했던 만큼 더 오래 아픈 것처럼, 왕년의 경력이 화려할수록 환상통이 유난스러울 수 있다. 하지만 과거는 이미 지나간 것, 현실을 직시하고 단절된 경력을 이을 수 있는 무언가를 찾을 때 통점이 사라진다는 것을 이들의 모습에서 새삼 발견한다.

  나이에 상관없이 머리는 쓰는 방향으로 좋아진다는 말이 있지 않은가. 남아 있는 능력을 찾아서 갈고 닦다 보면 인생 2막도 활기찬 삶이 될 것이다. 자신의 근성은 어디 사라지는 것이 아닐 터이니, 은퇴 후의 삶도 환하게 빛날 수 있으리라.

잔나비를 오마주하다

 공연장은 휴대폰의 불빛이 넘실넘실 물결을 이루고 관객들의 떼창이 울려 퍼진다.
 "나는 읽기 쉬운 마음이야. 당신도 스윽 훑고 가셔요. 달랠 길 없는 외로운 마음 있지. 머물다 가셔요. 음~."
 이 노래는 잔나비의 대표곡 '주저하는 연인들을 위하여'이다. 노래가 클라이맥스에 이를 즈음, 보컬은 콧망울이 붉어지고 눈물이 그렁해진다. 수천 명을 열광시키기까지의 애환이 떠오르는 듯하다. 고개를 젖히고 머리를 흔들어 보지만 가득 고인 눈물이 끝내 양볼을 타고 흐른다. 보컬이 노래를 이어가지 못하자 객석에서 관객들이 떼창으로 응원한다. 안방 1열에서 공연 실황을 보던 나도 가슴이 뭉클하여 노래를 따라 부르며 그들과 하나가 된다.

올림픽공원 콘서트홀은 뮤지션들의 꿈의 무대라고 하는데, 인디 밴드 잔나비가 거기서 콘서트를 열고 있다. 이 밴드는 2012년에 결성하여 버스킹으로 활동을 시작했다. 2년 뒤 싱글 앨범들을 내면서 정식 데뷔하고, 언더그라운드에서 노래하면서 인디 팬들 사이에서 입소문을 탔다. 2019년 봄, 2집 음반의 타이틀 곡 '주저하는 연인들을 위하여'가 인기가요 순위에서 1위를 차지하면서 1집 앨범에 실린 곡들도 음원 차트에서 역주행하는 진기록을 세웠다. 그들은 바닥부터 시작하여 오랜 기간 꾸준히 활동하면서 공연 티켓 발매 오픈과 동시에 6천여 전 좌석이 매진되는 대중적 인기를 거머쥐게 되었다. 각종 축제, 공연, 페스티벌 섭외 0순위의 대세 밴드로 부상하면서 올림픽공원 콘서트홀에 입성했다.

잔나비는 보컬과 기타, 베이스, 드럼, 피아노, 5인조로 이루어진 밴드이다. 멤버 모두 92년생 잔나비 띠들이어서 밴드 이름을 잔나비로 지었다. 리더 겸 보컬은 어릴 때부터 악기를 다루는 재능이 있고 가창력도 뛰어나서 초등학교와 중학교 시절, 밴드부에서 활동했다. 고등학교에 진학하면서 음악을 잠시 접고 공부에만 전념하여 명문대학에 합격했다. 그후, 기획사에 픽업되었는데, 학창 시절 음악 친구로부터 밴드를 하자는 제안에 기획사를 그만두고 옛 멤버 중심으로 밴드를 결성했다.

나는 작년부터 잔나비 밴드에 입덕했다. 퀸의 음악과 삶을 다룬 영화, 보헤미안 랩소디를 본 뒤 그들의 노래를 듣고 싶어서 음원 사이트를 검색하던 중이었다. 시선을 강탈하는 섬네일이 있었다. 신화 속 주인공이랄까, 테리우스라고나 할까, 조각상 같은 청년이 열창하는 장면이었다. 세이렌에 홀린 뱃사공처럼 그 섬네일을 클릭해 보았더니 감성이 묻어나는 노랫말에 올드 팝 느낌의 노래를 부르는 록 밴드였다. 아이돌의 알아듣지 못하는 가사와 현란한 춤사위에 몸과 마음이 따라가지 못해서 요즘 음악에는 담을 쌓고 있었는데, 아날로그 감성의 뮤지션을 발견한 것이다.

틈만 나면 잔나비 음악을 찾아보았다. 하루 두어 시간은 족히 그들의 영상에 빠져들었다. 밴드 결성 초기에는 퀸, 사이먼 앤 가펑클, 비틀스, 산울림 등의 노래를 부르며 버스킹하는 영상이 많았다. 한 인터뷰에서, 멤버들 모두 올드 팝의 거장들을 동경해서 그들에게 많은 영향을 받았다고 한다. 특히 산울림 밴드를 오마주한다고 했다. 실제로 잔나비의 노래 제목이 긴 것과 시적인 가사, 동심을 느낄 수 있는 곡부터 락에 이르기까지 다양한 장르를 넘나드는 취향과 기량도 산울림 밴드와 닮았다.

그러고 보니 예전에 나도 산울림의 음악을 즐겼던 기억이 있다. 퀸, 사이먼 앤 가펑클, 비틀스 등의 음악도 좋아했지만 산울림의 노래를 가장 많이 듣고 따라 불렀었다. 시적인 가사와 센치한 리듬, 보컬 김창완의 맑은 음색과 아이 같이 순수한 모습이 좋았다. 공연을 찾아다니지는 않았지만, 연예인을 통틀어 가장 좋아했던 것 같다. 그랬으니 산울림의 영향을 받은 잔나비의 음악에 끌리는 건 자연스러운 일이겠다.

그들의 음악은 뉴트로 풍의 독창적 컬러를 가졌다. 재능을 자랑하기 위해 코드와 멜로디를 비틀거나 꼬지 않는다. 사람들이 부담 없이 들을 수 있도록 음률을 선명하게 하고, 중독성 강한 가사로 노래를 만든다. 공연할 때는 아이돌을 능가하는 비주얼과 스펙트럼 넓은 목소리, 잔망스러운 끼로 관중들을 열광의 도가니로 몰고 간다. 쓰러지더라도 불꽃처럼 화려하게 열정을 불사르는 공연을 한다. 그러기에 그들의 팬덤은 노래를 아는 나이부터 중, 장년에 이르기까지 폭이 넓다.

하지만 인기 가도에 있던 그들에게 팬들이 등을 돌리는 흑역사가 있었다. 2집 앨범을 내고 인기가 고공행진을 할 때 유명세를 치렀다. 멤버 중 한 사람이 어릴 적 학교폭력에 연루된 일이 폭로되어 탈퇴했다. 그리고 사실이 아닌 것으로 밝혀졌지만, 한 네티즌이 보컬에 대한 허위 사실을 유포시켜 구설에 오르자 TV 인기 프로그램에 출연했던 장면이 통편집 당했다. 그뿐만 아니라 출연 예정이었던 프로그램이 모두 무산되고 공연도 상당수 취소되는 일을 겪기도 했었다.

위기 상황에서도 그들은 멤버의 빈자리를 채우기 위해 처절하게 악기 연습을 하고 공연 준비에 공을 들였다. 공연 때마다 마지막인 것처럼 혼을 불사르는 공연을 하면서 팬들의 마음을 돌려세울 수 있었다. 그 결과로 연말 가요 시상식 중, 멜론 뮤직 어워드 TOP 10과 아시안 뮤직 어워드 베스트 밴드 퍼포먼스에 선정됐다. 올해 연초에는 골든디스크 디지털음원 본상을 수상했고, 곧 수상자가 발표될 한국 대중 음악상에서 올해의 음반, 올해의 노래, 올해의 음악인, 최우수 모던 음반, 최우수 모던 노래 부문 등 5개 부분의 후보에 올랐다는 소식이 들려온다.

잔나비는 청춘이다. 나는 내일 모레면 예순이 된다. 그럼에도 열광하게 되는 원인이 뭘까. 물론 그들의 음악이 좋아서가 이유이지만 삶의 자세까지도 본받을 만하기 때문이다. 스스로 음악을 만들고 공연을 기획하고 준비하는 자립성과 밑바닥부터 시작하여 꾸준히 활동한 점, 다른 인디 밴드들에게도 관심 가져 달라는 시상식 인사말에서 우러나오는 따뜻한 마음, 보컬의 기여도가 가장 높지만, 그룹을 오래도록 유지하고 싶어서 수입을 공평하게 나눈다는 점이다.

그리고 그들의 열린 마음이다. 다른 아티스트들은 공연 때 관계자 외에는 사진 촬영을 못하게 하지만 그들은 제한하지 않는다. 팬들이 사진을 찍어서 자신의 SNS에 올리니 잔나비의 간접 광고가 되기도 해서 오히려 좋은 결과를 불러 온다. 이만하면 잔나비를 오마주할 만하지 않은가.

강의를 나가는 기관에서 수업 자료로 잔나비 음악을 자주 튼다. 덧붙여 그들의 이야기를 침 튀겨가면서 들려주면 몇, 몇 학생들이 자기들끼리 키득키득하면서 이렇게 말한다.

"선생님, 잔나비 너무 좋아하는 거 아니세요?"

나이 많은 사람이 젊은 뮤지션을 예찬하는 것이 수상쩍은 모양이다.

또 나 같은 연배의 사람들에게 잔나비 이야기를 들려주면 별 감흥 없이 입장을 얘기한다.

"요즘은 트로트가 좋아서…."

그럼에도 나는 사람 만나는 자리에만 가면 어김없이 잔나비 이야기를 꺼낸다. 노래 좋고 훌륭한 인성까지 갖춘 사람들이기에.

올해도 잔나비의 꽃길이 펼쳐져 있다. 전국투어 공연 티켓이 오픈과 동시에 2만 석이 매진되는 기록을 세웠다. 그들은 역대급 팬 서비스를 준비 중이라고 한다. 애벌레에서 나비로 변태하는 과정을 잘 견뎌 냈으니 더 높이 그리고 더 멀리 날기를 바라는 마음이다.

아티스트와 팬들이 하나 된 열기로 후끈한데, 공연은 종반에 치닫고 있다.

"피고 지는 마음을 알아요, 다시 돌아온 계절도~ 나 한동안 새 활짝 피었다 질래. 또 한 번 영원히~"

그들의 노랫말처럼 영원히 새 활짝 피어 퀸, 비틀스, 사이먼 앤 가펑클 같은 전설의 스타가 되길 기대한다.

내시 고택에 어째서 아녀자들이 기거하는 안채가 있을까.
남성성이 거세된 남자들만 모여 살았던 집 아닌가.
알고 보니 벼슬한 내시들은 부인과 양자를 들여
대대로 가정을 이루며 살았다.

제4부

구멍

- 구멍
- 독서종자실
- 눈의 말
- 석장승의 카리스마
- 까치발 기둥
- 낙동강 오리알
- 타프롬사원1
- 타프롬사원2

구멍

솟을대문의 빗장을 푼다. 삐거덕 소리를 내며 대문이 스르르 열린다. 오수에 잠겼던 고택이 기지개를 켜며 낯선 이에게 품을 내어준다.

천하의 길지吉地, 운문산 시루봉 기스락에 자리 잡은 내시內侍 종택이다. 조선시대 마지막 내시로서 정3품 통정대부를 지낸 김일준의 집이다. 국가민속문화재 제245호로 지정되었으며 운림고택이라는 이름으로 불린다.

대문에 들어서니 왼쪽 편 큰 사랑채가 안채를 향해 날아갈 것처럼 서 있다. 대문 맞은편으로는 중 사랑채가 안채를 지키는 호위 무사인 듯 가로로 앉았다. 아니나 다를까. 중사랑채 마지막 칸에 안채로 들어갈 수 있는 유일한 문, 중문을 달아놓았다. 큰 사랑채와 중사랑채에서 안채로 출입하는 모든 사람을 볼 수 있는 구조다.

내시 고택에 어째서 아녀자들이 기거하는 안채가 있을까. 남성성이 거세된 남자들만 모여 살았던 집 아닌가. 알고 보니 벼슬한 내시들은 부인과 양자를 들여 대대로 가정을 이루며 살았다. 조선시대 내시는 고환만 잘랐기에 2세를 볼 수 없을 뿐, 부부생활이 가능했다. 남성호르몬이 말라서 음경의 강직도와 지속력이 떨어졌지만 잠자리를 가질 수 있었다.

담 속에 담이 겹으로 둘러진 안채의 풍경이 궁금하여 중문을 기웃거린다. 문턱을 넘으려던 순간, 중사랑채를 가린 나무판의 구멍이 눈길을 붙잡는다. 구멍은 그저 둥글기만 한 것이 아니라 심장 모양이다. 아기자기하게 꾸밀 줄 아는 주인의 감각이 돋보인다. 아내를 향한 사랑의 표식인가. 남성성은 잃었지만 마음 속에서 피어나는 사랑만은 어쩔 수 없었던가 보다.

구멍은 모두 세 개다. 오른쪽, 정면, 왼쪽을 볼 수 있게 되어있다. 그 구멍을 통해 드나드는 사람을 살폈다는데, 7세 이상 외간남자의 출입을 막았단다. 사내 노릇 제대로 하지 못하는 사랑채 주인의 초조함과 무력함이 적나라하게 표출된 구멍이다. 여자를 후리지 못하는 남자의 비애가 느껴진다. 아내가 오직 자신만의 여자로 살아주기를 바라는 마음이야 내시인들 다를까. 극도로 소심한 방법이지만 사달이 날 빌미를 애초에 방지하려고 마련한 창이었다.

안채 마당에 빈틈없이 자리잡은 잡초가 바람이 불자 서로의 몸을 비비댄다. 내시 가에 시집온 안주인의 한을 닮았은가. 풀은 뽑아도 뽑아도 새로 나는 모양새다. 큰 사랑채 앞의 가슬가슬한 모래 마당에 비해 축축한 기운이 발아래 감돈다. 습한 기운에 양팔을 감싸며 안채를 올려다보니 웬일인지 북향이다. 안채를 향하고 있는 큰 사랑채와 마주 본다. 특별한 이유가 없는 한 집은 남향을 보기 마련인데 어찌하여 북향으로 지었단 말인가. 아내 바라기 사랑채 주인이 한시도 안주인에게서 눈을 떼지 않으려고 마주 보게 지었을까. 어쩌면 안주인의 음기를 감당하지 못해 그 기운을 누르려고 북향으로 지었을지도 모른다.

안채에는 규모가 제법 큰 곳간 두 채가 떡하니 버티고 섰다. 이 가문은 이승만정권의 토지개혁 전까지 18대 400년 동안 만석꾼의 부를 누렸다. 집터가 천하의 명당이라서 부를 이어갈 수도 있었을 테지만 아마 다른 이유도 있을 것이다. 남자로는 부족하지만 재산으로나마 아내 마음을 잡으려고 죽도록 애를 썼기에 3대를 잇기 어렵다는 부를 그 긴 세월 동안 유지했으리라.

하마터면 벌렁 자빠질 뻔했다. 안채에 딸린 커다란 부엌문에 또 구멍이 있다. 앞문과 뒷문에 두 개씩 방형으로 뚫렸다. 사랑채와 가장 먼 곳, 그곳은 금남의 처소다. 중 사랑채의 구멍이 안채의 출입을 통제하는 기능이었다면 부엌의 구멍은 도대체 무엇이란 말인가. 내외가 엄격하던 시절에 사랑채 주인이 금남의 처소에 와서도 사람들의 동정을 살폈을까.

혼란스러운 머릿속을 정리하려고 부뚜막에 걸터앉아 곰곰이 생각에 빠져든다. 만석 채우는 곳간 일을 아녀자들만 매달렸을 수는 없지 않은가. 아마도 어깨가 떡 벌어지고 가슴에 털이 난 장정들이 웃통을 벗은 채 땀을 뻘뻘 흘리며 곡식을 나르지 않았을까. 구멍으로 그 모습을 훔쳐본 안주인은 탄탄한 근육질의 수컷을 불러들여 죽어도 좋을 만큼 극치감을 느낄 수 있는 정사를 꿈꿀 수도 있지 않겠나. 가난한 친정을 위해 팔려 오다시피 한 결혼이지만 억눌려 있던 욕구는 진정한 남자를 보면서 살아날 수도 있지 않을까.

전해오는 이야기에 친정아버지가 딸을 보러오면, 딸은 온갖 반찬을 장만해서 상을 차렸다. 하지만 밥그릇에는 내시에게 시집보낸 아버지가 원망스러워 동전을 수북하게 담고 밥은 위에만 살짝 얹었단다. 이러한 이야기가 전해오는 것을 보면, 멀쩡한 사내와 한바탕 질펀한 사랑을 나누면서 아랫것에게 망을 보게 한 구멍이 있었는지도 모른다.

오호통재라. 큰 사랑채와 중사랑채의 시선은 부엌까지는 미치지 못했던 모양이다. 그리스 신화에서 헤라가 바람둥이 남편 제우스를 감시하려고 눈이 백 개 달린 아르고스에게 밤낮 보초를 세웠다는데 사랑채 주인에게도 그런 신이 있었더라면 얼마나 좋았을까.

아니다. 못된 상상은 나 혼자만의 생각일 뿐이다. 안주인은 내시 문중에 시집오면서 성생활은 애초에 포기하지 않았을까. 세상 구경은 부모상 때나 가능하다는 소리도 귀에 못이 박히도록 들었을 것이다. 친정 위해 희생할 만큼 어진 마음을 지녔으니 남편 받들고 자식 키우며 집안일에만 전념했으리라. 여자로서의 삶이 만족스럽지 않아도 그 시대 뭇 양반들과는 달리 자신만을 바라보는 남편의 순정을 알기에 불순한 생각은 손톱만큼도 품지 않았으리. 부엌에 난 구멍은 안주인의 숨구멍이었을 것이다. 사랑채 주인이 갇혀 지내는 아내가 안쓰러워 작은 구멍을 통해서라도 바깥세상을 보라고 뚫어 준 창이리라.

시대의 희생양이 된 내시 부부의 삶에 비애를 느끼며 솟을대문을 향하는데, 왼쪽으로 아담한 연못이 보인다. 연못에는 금붕어가 노닐고, 못가에는 풀꽃들이 제 세상을 만나 만화방창이다. 벌이 잉잉 소리를 내며 꽃잎을 간질인다. 내시 부부도 천상에서는 저 연못의 빨간 붕어처럼, 꽃과 벌처럼 온전한 사랑 누릴 수 있기를!

독서종자실

 별고을, 성주 한개마을에 들어선다. 오백여 년의 역사를 간직한 성산 이씨 집성촌이다. 고풍스러운 가옥 60여 채가 영취산을 배경으로 지형에 알맞게 제각각 터를 잡고 앉았다.
 고샅길에서 서쪽 언덕으로 올라가니 성벽 같은 담을 두른 고택이 보인다. 응와 이원조가 집의 규모를 키우며 살았던 응와종택이다. 솟을대문 양쪽에는 회화나무 두 그루가 문지기인 양 마주 섰고, 담장 안에는 배롱나무가 어서 오라는 듯 붉은 손을 흔든다.
 응와 이원조는 순조 때 18세의 나이로 문과에 급제했다. 노론이

집권하던 시대에도 남인으로서 한계를 극복하고 종1품 판중추부사까지 올랐다. 말년에는 후학 양성에 전념하여 성리학의 한주학파를 주창한 이진상 등 이름 있는 제자들을 배출한 인물이다.

종택의 솟을대문에 들어선다. 일직선으로 난 징검돌을 밟으며 고택 안쪽을 향하던 순간이다. 대문 오른편에 북비北扉라는 이름표가 붙은 작은 문이 눈길을 끈다. 호기심이 일어 좁은 문을 열자, 빗질이 가지런한 마당에 집 한 채가 보인다. 마당을 업고 남쪽을 바라보는 북비채는 응와종택의 별채이다. 네 칸짜리 소박한 집이지만 선비의 단아함이 절로 우러난다.

뒷마당에서 앞쪽이 궁금하여 살금살금 돌아가 보니 방문 위에 '讀書種子室'라는 편액이 눈에 쏙 들어온다. 독서종자실이라니, 종자를 담아두는 씨오쟁이처럼 책을 보관하는 곳인가. 얼른 상상이 되지 않는다.

독서종자라는 말은 송나라의 대시인 황정견이 쓴 말이다. 농부가 다음 해에 심을 씨앗을 소중히 갈무리하듯, 사대부는 독서를 중요하게 생각하여 책 읽는 소리가 한시라도 끊어져서는 안 된다는 뜻이다. 응와 선생도 집안에서 글 읽는 소리가 끊어지지 않게 하라는 선대의 교육철학을 받들어 독서종자실을 따로 마련한 것이다.

독서종자실이라는 특이한 이름을 가진 방은 지금의 도서관인 셈이다. 당시 수 천여 권의 서적이 비치되어 집안 자제들은 물론 인근 학자들의 지식 욕구를 해소해 준 곳이다.

툇마루에 걸터앉아 담 밖을 내다보니 마을이 한눈에 들어오고 멀리 안산과 조산이 희미하게 보인다. 저 산 너머에 있을 꿈을 이루기 위해 이곳에서 책을 읽던 사람들은 순간순간 흐트러지려던 자세를 가다듬었으리라.

첩첩 산간오지, 가난한 농군의 집에서 태어난 내 아버지도 자식들을 위해 독서종자실의 의미가 담긴 방을 한 칸 마련했었다. 무학이었던 아버지는 군에 입대하고서야 배움의 기회를 가질 수 있었다. 그야말로 줄을 잘 선 바람에 아버지부터 아버지 뒤의 몇 사람이 카투사에 배치받았다. 운전병으로 복무하면서 틈틈이 차를 수리하는 법도 익혔다. 자동차 수리 기술을 터득한 아버지는 제대 후, 농기구를 만들기도 하고 가뭄이 들 때 물을 퍼 올리는 양수기 수리법을 혼자서 습득했다.

어느 해, 논바닥이 쩍쩍 갈라지도록 가뭄이 들어 마을 사람들이 하늘만 쳐다보고 있을 때였다. 면사무소에서 양수기 수 십 대를 구매해서 필요한 집에 빌려주었다. 아버지는 집집이 다니면서 사용법을 알려주고, 쓰다가 고장이 나면 수리도 해주었다. 한 해 농사가 끝나면 면사무소에서 양수기를 모두 거둬들여 아버지께 정비를 맡겼다.

　아버지는 가뭄이 들 때면 이집 저집 탈이 난 양수기를 손보느라 논두렁에서 밤을 지새우기 일쑤였다. 손이 부르트도록 일하여 주머니가 불룩해지자 가장 먼저 살고 있던 집을 증축했다. 자식들이 책을 읽고 공부할 수 있는 방을 한 칸 마련하기 위해서였다. 선비의 후손도, 부잣집 자손도 아닌 아버지는 우연히 배우고 익힐 기회를 얻어 그 희열을 몸소 체험했었다. 당신은 별다른 공간 없이 삶의 현장에서 배우고 익혔지만, 자식들에게는 특별한 방을 마련해 주어 일찌감치 공부할 수 있는 분위기를 조성해 준 것이다.

　아버지는 몽당빗자루도 일어나서 힘을 보태야 할 농번기에도 자식들이 공부하고 있으면 불러내지 않았다. 방문을 열었다가도 흐뭇하게 웃음을 머금고 바라보다가 슬며시 문을 닫아주었다.

　내가 결혼하고 아이들을 키우면서는 집에서 가장 넓은 곳, 거실에 책장을 들이고 큰 책상을 놓았다. 나도 아버지처럼 독서할 공간을 마련한 것이다. 아이들이 어릴 때는 식구가 다 모여서 책을 보았다. 이제 아이들은 성장하여 제 갈 길로 떠났고, 나는 지금까지도 줄기차게 이곳을 애용하고 있다. 독서인이 늘어날 수 있도록 독서의 즐거움과 유익함을 알리기 위해 이곳에서 강의 자료를 준비하고 있다.

　주변에서도 구립, 시립 대형 도서관을 만날 수 있다. 수많은 책이 비치되었고, 편하게 열람할 수 있는 환경도 갖추었다. 요즘은 대형 아파트 단지는 물론, 지하철역이나 버스정류장 앞, 그리고 마을에도 작은 도서관이 생겨서 사람들의 독서 욕구를 충족시키고 있다. 오로지 사람만이 경쟁력이 되는 나라에서 두 팔 벌려 환영할 일이다.

　응와 가문 사람들은 후손들에게 책 읽기를 멈추지 말라는 교육철학을 꾸준히 실천했다. 학문을 닦는 가풍 덕분에 고관, 대학자, 독립운동가, 갑부 등 동량지재를 여럿 배출시켰다. 남인인 응와가 북인 치하에서 장관 벼슬까지 오르게 된 것은 결코 우연이 아니었다. 어릴 적부터 다양한 책을 읽으면서 학문을 쌓고 견문을 넓혔기에 가능했던 일이다.

　응와의 가문과는 비교도 할 수 없지만, 배운 이력이라고는 군대대학軍隊大學이 전부였던 아버지도 자식들의 앞날을 위해 까치발로 딛고 서며 온 정성을 기울였다. 덕분에 형제들이 다들 책을 끼고 살아간다.

눈의 말

  천년 고찰, 고운사 산문으로 들어선다. 전각들 사이에 놓인 다리를 건너자 날아갈 듯 세워진 우화루羽化樓가 눈에 들어온다. 날개가 달린 것처럼 마음이 가벼워지는 법을 설하는 곳일까.
  우화루에 가까울수록 벽화 속 호랑이가 선명하다. 호랑이는 금방이라도 튀어나올 태세다. 하얗게 센 눈썹 아래서 쏘아보는 눈은 사람의 마음을 꿰뚫어 보는 듯하다. 피하려고 이쪽저쪽으로 움직여보지만 동그랗게 뜬 호랑이 눈은 용케도 나를 놓치지 않고 따라온다. 저렇게 나를 따라다니며 뚫어지게 보는 눈이 또 있다.

지난해에 어머님은 하늘로 떠나셨다. 여든 중반까지 세상 풍파를 헤쳐 가다가 갑작스레 돌아오지 못하는 길로 가셨다. 영정 속의 어머님은 늘 보아 온 모습이다. 까맣게 염색한 머리에 뽀글뽀글 파마를 하고 꽃분홍 블라우스를 입었다. 여전히 화사했다. 그런데 생전의 친근했던 느낌이 들지 않았다. 삐뚜름하게 그린 눈썹 밑, 처진 눈꺼풀 속에서 보내오는 기운은 내 가슴을 섬뜩하게 하였다.

눈은 마음의 창이다. 사랑, 기쁨, 슬픔, 연민, 원망, 분노 등등 오만가지 언어를 담고 있다. 간접화법으로 백 마디 말보다 강한 뜻을 전할 수 있다. 영정 속 어머님이 나를 뚫어지게 바라보는 눈빛은 원망 또는 꾸짖음의 의미로 읽혔다.

어머님은 돌아가시기 몇 해 전부터 귀가 어두워지더니 끝내는 소리가 전혀 들리지 않았다. 어머님과 소통하려면 손짓, 발짓을 보태야 했다. 그래도 안 되면 종이에 써서 보여드렸다.

말년에 어머님은 큰아들네인 우리와 떨어져서 시동생과 함께 살았다. 어머님이 혼자 계실 때 볼 일이 생기면 내게 전화를 걸었다. 귀가 어두워 전화로는 대화가 되지 않으니 발신음을 두어 번 울려놓고 끊었다. 나는 와 보라는 신호로 알고 어머님께로 달려갔다. 시간이 여의치 않을 때는 남편이나 아이들이 가는 경우도 있었다. 휠체어에 의존해야 하는 어머님이 부르는 경우는, 맛난 음식을 사 먹자거나 약 심부름이나 병원에 가자는 용무였다.

돌아가시기 전날에도 어머님은 내게 발신 번호를 찍어 두었다. 그날은 밤늦게까지 일이 잡혀있었다. 어머님께 전화가 왔다는 것도 깜박 잊고 귀가하자마자 피곤에 절어 까무룩 잠에 빠졌다. 뒷날이 휴일이라 해가 중천에 가도록 이부자리에 잠겨있었다.

게으른 몸짓으로 늦은 아침을 먹고 차를 마시면서 여유를 부리고 있을 때였다. 시동생에게 전화가 왔다. 어머님이 호흡이 곤란하다는 소식이었다. 그제야 전날 어머님으로부터 연락이 왔었다는 사실을 기억했다.

어머님은 구급차에 실려 중환자실에 입원했다. 온몸에 소생의 줄을 주렁주렁 달았다. 열두 시간이 가고, 스물네 시간이 지나고, 마흔여덟 시간이 흘러도 감겨진 눈꺼풀을 밀어 올리지 못했다. 영원한 잠 속으로 빠져들었다.

다른 사람들은 아무런 거리낌 없이 어머님의 영정을 바라보았다. 나는 죄책감이 들어 영정을 바로 볼 수가 없었다. 먼발치서 곁눈질로만 바라볼 뿐이었다. 상중에는 물론이고 49재를 지낼 때도 그랬다. 올해 기일에도 마찬가지였다. 제수를 진설하느라 제사상과 주방을 오가면 피어오르는 향 뒤에서 어머님의 눈은 자꾸만 나를 쫓아오는 것 같았다.

그때 그 전화가 어찌 마지막이 되어야만 했을까. 어머님은 생전에 가난한 집에 시집온 나를 딸처럼 아꼈다. 나는 청상의 몸으로 오직 자식들만 건사하면서 살아 온 어머님을 존경하면서 살았다. 그런 어머님의 마지막을 응대하지 못한 마음은 두고두고 죄스럽다.

어머님은 내게 무슨 말씀을 하려고 연락했던 걸까. 맛있는 것을 사 먹자는 것이었나, 아니면 아픔을 견딜 수 없어 병원에 가자는 것이었을까, 그도 아니면 하늘의 부름을 예감하고 마지막 당부를 하려던 것인가. 곰곰이 생각해보면 아마도 며느리에게 마지막 부탁을 하려고 불렀을 가능성이 높다. 당신의 아들, 손자 뒷바라지 잘하고 형제간에 우애 있게 지내라는 말씀이었을 것이다.

앞으로도 기일이 되면 어머님의 영정을 마주하리라. 언제쯤 나는 어머님의 눈을 바로 볼 수 있을까. 생전처럼 편안한 마음으로 바라볼 수 있을까. 아마도 마음에 걸리는 것이 사라져야만 가능할 것 같다. 한 시간 뒤에 일어나는 일도 모르는 인생이니 아쉬움이 남지 않도록 매 순간 어머님 뜻을 받들어야 하리라.

사람들이 우화루 호랑이 벽화 앞에 하나, 둘 모여든다. 호랑이를 보는 사람들 반응이 다양하다. 기겁하는 사람, 재미있다고 깔

깔 웃는 사람, 의미를 알겠다고 은근하게 미소 짓는 사람, 반응이 제각각이다.

염화미소를 짓는 사람은 알 수 있으리라. 호랑이 법사의 눈빛이 전하는 뜻을. '항상 지켜보고 있으니 마땅히 지켜야 할 도리를 지키고, 삼가할 것을 삼가하면 마음이 깃털처럼 가벼워진다.'는 것을.

이제, 어머님의 눈길에 가벼운 마음으로 미소 지을 수 있기를 기원하며 호랑이 법사께 합장 반배를 올린다.

석장승의 카리스마

상주 남장사를 오르는 중이다. 들머리 나무 그늘에 우두커니 서 있는 석장승이 눈에 띈다. 메주같이 넙데데한 얼굴에 퉁방울 눈, 거기다 한쪽으로 삐뚤어진 주먹코, 입술 양쪽으로 뻗어 나온 송곳니, 턱수염을 가슴까지 늘어뜨린 장승이다. 자연석으로 모서리만 대충 떼어내고 우물딱주물딱 다듬은 모습이 천진스럽고 해학적이다.

저런 만만한 인상으로 역할을 제대로 수행할 수 있을까. 한 고을을 지킨다거나, 사찰의 안위를 살펴야 하는 수호신의 모습치고는 흔히 말하는 카리스마가 느껴지지 않는다. 뭇사람들을 제압할 수 있는 험상궂은 인상에 근육질 떡대의 모습이 아닌 것이 의외다.

내가 몸담고 있는 단체의 회장이 딱 저 모습이다. 이력은 화려하지만 아주 부드럽고 누구에게든 친절한 무골호인의 상이다. 우리가 즐겨 사용하는 포스라는 말 즉, 카리스마가 느껴지지 않는다. 회장으로 뽑아놓고도 회원들은 우려의 마음이 들었다. 나름 한가락 한다는 회원이 수두룩한 큰 단체를 과연 이끌어 나갈 수 있을까, 중도에 포기하지는 않을까라는 염려가 가슴 한 켠에 자리 잡았다.

얼마 전, 임원회가 있어 한자리에 앉아 봤다. 임원만 해도 하나의 단체를 만들 수 있을 정도의 인원이었다. 회장이 후반기에 있을 몇 가지 행사를 진행하기 위해 토의할 안건을 회의 석상에 내어놓았다. 그러자 여기저기서 아이디어가 폭풍처럼 쏟아졌다. 안건마다 주저하지 않고 좋은 생각들을 쏟아내어 다수결로 최종안을 택할 수 있었다. 각각의 행사를 맡아 진행할 책임자를 찾으니 앞장서겠다는 사람이 다투어 나왔다. 회장은 잡다한 일도 많고, 여기저기 행사에 대표로 참여하는 일만 해도 인기 연예인 정도로 바쁘다. 다들 내 일처럼 한 가지씩 맡아주니 회장은 좀 더 가벼운 마음으로 단체를 이끌게 되었다.

카리스마 넘치는 회장이 이끄는 단체라면 어떨까 생각해 보았다. 범접할 수 없는 리더쉽으로 불평분자나 반대자들도 승복시킬 수 있을 것이다. 하지만 수직적인 분위기 탓에 모임은 냉기가 돌 것이다. 얼어붙은 마음에 폭풍 아이디어가 생기겠나. 거슬리게 말했다가는 어떤 낭패를 당할지도 모르니 침묵을 고수하리라. 그저 명령을 기다렸다가 하달하면 복종하는 길을 택할지도 모르겠다. 전지전능하신 회장이 다 알아서 처리할 테니 회원들은 내 일처럼 나서지도 않을 것이다. 앞서다가는 오히려 눈총을 자초하게 되므로, 눈치를 보느라 무사안일주의로 흘러가리라.

결이 보드라운 회장의 애로사항이 더러 보이기는 했다. 말하자면, 회장이 안건에 대한 주장을 할 때 임원 여럿이 반대의 의견을 쏟아내자 뜻을 밀고 나가지 못하는 경우가 있었다. 대다수의 생각이 그러하기에 회장은 겸손하게 한발 물러섰다. 회장의 체면이 서지 않아 언짢을 수도 있겠으나 단체를 위하는 마음을 우선으로 생각하여 개의치 않는 것 같았다.

동류의식이 들어 회장을 마음속으로 응원하고 있었다. 회의에 참석해보니 걱정이 사라졌다. 편하게 대할 수 있는 회장 앞에서 자유롭게 의견을 개진할 수 있어서 의사소통에 막힘이 없었다. 너도나도 주인의식을 가지고 참여해 주어 회장의 어깨가 한결 가볍겠다는 생각도 들었다. 회장의 카리스마에 눌려 회원들이 찍소리 못하는 단체보다 발전 가능성이 훨씬 높아 보였다.

카리스마 Charisma는 대중을 매료시키고 영향을 끼치는 능력을 가리킨다. 포스, 아우라, 위엄, 존재감으로도 표현된다. 인상 쓰고 있는 근육질 떡대의 모습을 보고 '카리스마가 느껴진다'고 말하는 것은 카리스마를 잘못 이해한 것이 아닐까.

카리스마는 하나의 의미나 이미지로 정의하지 않는다. 여러 모습을 가진다. 이를테면, 권위적 카리스마의 대표주자는 나폴레옹, 히틀러이고 선지자적 카리스마는 주로 종교 지도자들이 우세하다. 그리고 따스한 감성의 카리스마도 있는데, 데레사 수녀와 히딩크 감독 등이 여기에 속한다. 따스한 사람에게는 공감받을 수 있다는 느낌이 들어서 사람이 모인다. 아마 회장도 이런 부류에 속하는 인물이 아니겠는가.

남장사 석장승을 다시 들여다본다. 자연석에 자유롭게 조각한 이목구비가 생동감과 질박함이 느껴지는 걸작품이다. 민속문화재로 등록될 가치가 있다. 이 석장승이 어떻게 수호신의 역할을 했을지 짐작이 간다. 아마도 따뜻한 카리스마가 무기였을 것이다. 아랫마을을 지키던 수호신이 이제 산으로 올라와 사찰을 지키라는 영을 받았으니, 역할을 훌륭히 수행했다는 증거가 아니겠는가.

까치발 기둥

　노악산露嶽山 남장사南長寺 일주문 앞에 섰다. 일주문은 사극 속의 왕비가 가체를 쓴 형상이다. 기와를 높이 올린 상체의 중압감에 쓰러지지 않을까 조바심이 난다.
　바투 다가서서 요리조리 살펴보니 크고 작은 기둥들이 무거운 지붕을 이고 섰다. 아름드리 원 기둥은 양쪽에서, 그 사이사이에는 가느다란 보조 기둥이 그 무게를 괴고 섰다. 지붕을 받치던 원 기둥이 오랜 풍상으로 넘어질세라 보조 기둥을 덧대었나 보다.
　그런데 대체 이것은 뭐람? 원 기둥과 보조 기둥 사이에서 지붕을 받치고 선 것이 있다. 다른 기둥들은 크기만 다를 뿐 곧고 둥글기만 한데, 이것은 자유롭게 휘어진 모양새다. 자세히 보니 장난기 가득한 용의 얼굴도 세밀하게 조각되었다. 이 기이한 물건은 보조 기둥의 하나로 '까치발 기둥'이라 부른다. 남장사 일주문은 까치발 기둥을 덧댐으로써 예술미와 균형미를 끌어올리고 유구한 세월에도 건재함을 유지하고 있단다. 특별한 역할을 감당하는 까치발 기둥을 흐뭇하게 바라보노라니, 막내동생이 연상된다.

그 옛날, 부모님은 연년생 자식 다섯 명을 키우고 있었다. 농사지으랴, 가축 키우랴, 여름이면 양잠하랴 손발이 쉴 새 없었기에 더 이상의 아이를 키울 여력이 없었다. 그렇게 짬을 낼 수 없는 와중에도 부모님은 덜컥 여섯째를 만들고 말았다.

어머니는 도저히 키울 수 없다며 새 생명을 떼어낼 심산이었다. 중병이 나야 병원을 찾던 그 시절, 중절 수술은 생각지도 못하던 때였다. 잉태를 알고부터 해가 지면 산등성이에 올라 구르기를 반복했다. 그래도 뱃속의 생명은 찰싹 붙어서 떨어질 기미를 보이지 않았다. 삼신할머니의 뜻이라 여기며 결국 생각을 바꾸었다.

마당의 감나무 잎이 햇살을 튕겨낼 듯 빳빳해질 무렵이었다. 열 달을 꽉 채우고, 막내가 세상 구경을 나오며 우렁차게 울음보를 터트렸다. 언니는 안방에서 산파 할머니의 시중을 들었고, 나와

동생들은 내려진 커튼 사이로 막내가 태어나는 신비로운 광경을 지켜보았다.

막내는 먼저 태어난 형제들에 비해 코도 오똑하고, 키도 훤칠했다. 태중의 극기훈련 탓이었는지 원기가 왕성해서 잠시도 궁둥이를 붙이고 있지 않아 가족은 이름 대신 '졸랑이'라고 불렀다. 누나, 형들의 성질이 식물 같다면 막내는 동물에 가까웠다. 누구보다 먼저 기상하여 놀러 나갔다가 배가 고파야 귀가했다. 밥을 챙겨 먹고, 또 나가서 해가 져야 집에 돌아왔다. 집으로 오는 막내의 주머니는 늘 구슬과 딱지로 불룩했다.

먼저 태어난 오 남매는 입이 짧아 간식거리가 있어도 어머니가 챙겨주지 않으면 손대지 않았다. 막내는 누나, 형들 몫까지도 자기 주머니에 넣어 두고 아귀아귀 먹었다. 형들이 아끼는 옷이나 신발도 마음대로 입고, 신고 다니다가 돌아올 때는 숯검댕이를 묻혀오기 일쑤였다. 어머니는 그런 막내의 머리통에 꿀밤을 먹이면서 "요누무 자슥, 별나기도 별나제." 하며 혀를 차기도 했지만, 모성애와 지은 원죄가 있었기에 치마폭으로 감싸주었다.

아버지는 당시에 농사도 지으면서 조그만 농기구 가게도 운영했다. 위의 다섯 자식은 고등학교부터는 대처로 보내서 공부시켰다. 그와 달리 막내는 고향에 있는 학교를 졸업시키고 가업을 물려줄 요량이었다. 하지만 막내는 아무도 몰래 누나, 형들이 공부하고 있는 도시의 학교에 원서를 내고는 합격통지서를 내밀었다.

개구쟁이로만 알았던 막내는 철이 들자 제 할 일을 알아서 척척 해냈다. 누나, 형들과 같이 지내면서 대학도 스스로 선택하고 졸업했다. 원하던 직장에도 거뜬히 들어갔다. 직장에서 경험을 쌓은 뒤, 사업 길로 들어서서 뽀마드 바른 머리가 제법 어울리는 사장님이 되었다. 오래도록 공부하고 있는 형들을 뒷바라지하느라 등이 휘어지는 부모님에게 일찍부터 힘이 되었다. 가족 행사가 있는 날이면 평소에 자주 먹지 못하는 음식을 공수해 오기도 하고, 거금을 쾌척하기도 한다. 형제들은 스스로 풀지 못하는 일이 생길 때면 두루 경험 많은 막내를 찾곤 한다.

부모님이 세상을 떠난 후, 기일이면 형제들이 한자리에 모인다. 어머니 기일은 휴가철이어서 산소에서 제사를 모시고 함께 휴가를 보낸다. 올해도 막내는 문어와 장어, 쇠고기를 바리바리 싸와서 펼쳐놓았다.

일주문 문턱을 넘어 선계로 들어선다. 몇 발자국을 옮기고 뒤돌아보니 역시 까치발 기둥으로 인해 일주문이 돋보인다. 남장사 일주문이 문화재로 등재될 수 있었던 공은 아마도 까치발 기둥이 한몫했으리라.

이제, 막내의 머리도 이슬이 내려 희끗희끗하다. 언제까지나 팔팔할 것 같더니 나이 들어가는 것 같아 잠시 울가망한 기분이 든다. 하지만 떡 벌어진 어깨와 두툼한 손이 믿음직스럽다. 우여곡절을 겪으며 태어나 부모님과 형제들 사이에서 기꺼이 까치발 기둥이 되어준 막내를 우리 집 보배로 등재한다.

낙동강 오리알

 집채만 한 알들을 본다. 알들은 알록달록 꽃무늬 옷을 차려입고 꽃방석에 앉아서 존재감을 발산한다.
 낙동강이 감싸안은 곳, 상주 경천섬으로 가는 중이다. 다리를 건너 섬에 닿을 즈음, 강물 위에 초대형 조형물인 알이 둥둥 떠 있다. 일명 '낙동강 오리알'이다. 오리알에 마음이 뺏겨 가던 길을 멈춘다.
 낙동강 오리알은 버려져서 처량한 신세가 된 사람을 뜻한다. 갈대숲 둥지에 있던 오리알이 장마에 동동 떠내려가는 모습에서 착

안하여 관광용으로 제작했다고 한다. 그런데 누가 저런 역발상을 했을까.

버려진 오리알을 데려와 저토록 빛을 보게 했을까. 저 오리알이 사람들의 마음을 붙잡은 이유를 짐작해 본다. 위기에 빠졌던 존재가 역경을 이겨내고 주목받는 반전의 카타르시스 때문이리라.

살아오면서 낙동강 오리알 신세가 되는 경우가 더러 있다. 내가 아니어도 가족, 친척, 친구, 이웃의 삶에서 그리되는 바람에 가슴 적신 일이 있지 않은가.

남편은 근 삼십 년을 운영하던 사업이 사양길로 들어서는 바람에 접을 수밖에 없었다. 하지만 손 놓고 있을 수 없는 형편이었다. 남들은 자녀를 유치원에 보낼 나이에 가정을 이루었기에 아이들 뒷바라지 숙제가 남아 있었다.

무직이 된 남편은 기술 자격증을 따서 취업하기로 했다. 나이 들어 학생이 되어 보니 마음은 한창인데 이해력, 기억력이 떨어지고 손발도 둔했다. 그래도 등에 짊어진 짐을 생각하며 청년들보다 더 오래 의자에 궁둥이를 붙이고 배워서 대여섯 가지의 자격증을 손에 쥐었다. 직장에 들어갈 수 있다는 기대감으로 마음은 일찌감치 장밋빛이었다.

처음에는 일자리를 골라가며 이력서를 넣었다. 예상과 달리 오라는 곳이 없었다. 젊은 사람들도 취업하기 어려운 시절 아닌가. 현실이 녹록하지 않음을 절감하며 날마다 취업사이트에 코를 박고 지원서를 냈다. 어쩌다 서류 심사에 뽑혀도 면접에서 막히고, 서류, 면접 통과해도 체력 검사에 걸려 떨어졌다. 마지막으로 화려한 이력은 모두 지워버리고 기술 자격증만 내세워 보았으나 그마저도 경력이 없어서 취업의 문턱을 넘지 못했다. 낙동강 오리알의 비애를 제대로 실감한 것이다.

한동안 좌절감으로 몸과 마음이 흔들렸지만 먹고 살아야 하기에 곧추서지 않을 수 없었다. 공사 현장에서 일해 볼까, 아니면 트럭을 사서 채소 장사를 해볼까 궁리하던 차에, 뜻밖의 반가운 소식이 날아들었다.

지구 저편에서 사업을 하는 시누이가 사업체 지점을 하나 더 열었다. S그룹이 해외에서 배터리 공장을 짓는데, 일부 공정을 시누이 업체가 맡게 된 것이다. 관련 자격증이 있고 믿을 만한 관리자가 필요해서 시누이는 친정 오빠를 불렀다. 남편은 기꺼이 보따리를 꾸려서 비행기를 탔다.

남편은 낯선 환경에서 의사소통이 어려워 고초가 컸다. 전문 기술자들은 한국 사람들인데 보조하는 일꾼들은 우크라이나, 몽골, 세르비아, 마케도니아 등지에서 온 사람들이라 언어가 제각각 달랐다. 주로 영어로 소통하는데, 남편도 인부들도 영어가 짧아 말 전달이 원만하지 못했다. 그러다 보니 인부들에게 시켜야 할 일을 직접 하는 경우가 많아 몸에 과부하가 걸렸다. 족저근막염, 좌골신경통, 무릎 통증까지 차례대로 찾아들었다.

몸을 혹사해서는 될 일이 아니었다. 언어 소통에 좀 더 신경 써서 일꾼들의 조력을 제대로 받기로 했다. 공사 현장에서 주로 사용하는 용어를 한국말로 알려 주고 영어와 혼합해서 썼다. 그래도 안 되면 그림으로, 몸으로 의사표시를 했다. 일하는 과정에서 쓰는 말은 그리 복잡하지 않고 자주 사용하기에 제대로 통하기까지는 생각보다 시간이 오래 걸리지 않았다. 다섯 달이 지난 지금은 몸도 마음도 한결 여유로워졌단다.

이제, 일꾼들과 농담까지 나눈다니 장족의 발전이다. 그것도 주로 한국말을 쓴다니 가슴이 벅차다. 인부 중에 급하게 볼일이 생겨 외출을 허락해 주면, "보스, 뭐 필요한 거 있어요?" 한단다. 남편이 콩글리시로 "아이 라이크 우먼."이라고 너스레를 떨면 농담인 줄 알고 같이 웃어넘길 정도다.

지금, 옆지기와 생이별하고 살지만 통화하면서 웃을 일이 조금씩 생긴다. 낙동강 오리알이 된 모든 사람의 앞날에, 저 강물 위에 우뚝한 오리알처럼 빛을 보는 기회가 찾아오기를!

타 프롬 사원을 읽다 1
- 나무사원

　밀림 속에 사원이 보인다. 하늘을 찌를 듯한 나무들 사이에 무너져 가는 사원이 있다. 나무가 구경거리인지, 사원이 볼거리인지 헷갈린다. 일명 '나무 사원'이라고 불리는 타 프롬 사원이다.

　이 사원은 앙코르 유적 중 손꼽히는 곳이다. 캄보디아가 크메르 제국이었던 12세기, 자야바르만 7세 왕이 일찍 세상을 떠난 어머니의 극락왕생을 희구하면서 세운 사원이다.

　당시 사원은 관리인이 3천여 명, 작업 인부가 2천여 명 되었으며, 무희도 6백 명이 넘었다. 이 사원에서 주변 3천여 개의 마을을 관할했다고 하니 무너지기 전 규모가 짐작 간다.

　사원 앞에 선 일행들이 탄성을 지른다. 열대우림의 키 큰 나무들이 천년의 사원을 압도한 풍경 때문이다. 예사롭지 않은 유적에 궁금증이 일어 얼른 들여다보고 싶어진다. 옛 출입구는 무너질 위험이 있어 새로 낸 쪽문을 통해 경내로 들어선다.

　벽화에 눈길을 주며 한발 한발 옮기던 중, 사람들이 모여있는 곳으로 고개를 돌린다. 담벼락 틈과 지붕 위에서 싹을 틔우고 자란 나무가 뿌리를 사방으로 뻗었다. 뿌리는 사원의 지붕과 벽을 타고 바닥까지 내려왔다. 사원 밖에서는 그저 나무의 몸통과 이파리만 보였는데, 안쪽에서는 뿌리가 사원을 휘감고 있는 모습이 고스란히 보인다. 사람들은 그 모습에 놀라 입을 다물지 못한다.

　나무에 휘어잡힌 사원을 보고 있자니 숨이 턱 막힐 지경이다. 내 몸이 짓눌리는 듯하여 얼른 자리를 피한다. 하지만 미로 같은 길을 돌아 압사라의 방을 지날 때도, 통곡의 방을 거쳐 보석의 방을 만날 때도 괴기스러운 나무들이 여기저기서 버티고 서 있다.

　사원의 멱살을 잡고 있는 나무의 뿌리는 다양한 모양새다. 거인의 손같이 거세게 지붕을 누르는 것, 등나무처럼 비비 꼬며 벽을 잡고 버티는 것, 벽을 뚫어 사원과 한 몸이 된 것, 구렁이 같은 모습으로 벽면을 타고 내려와 바닥까지 파고 들어간 것 등 다양하다.

이 나무들은 돌연변이 무화과종으로 스펑나무라 부른다. 새의 배설물로 또는 바람을 타고 떨어진 씨앗이 사원의 지붕이나 벽에서 싹을 틔웠다. 나라가 외세에 침략당하는 바람에 사원이 방치되자 나무들은 저렇게 몸피를 키웠다.

성한 곳이 없는 이 사원은 유네스코와 뜻있는 나라의 지원을 받아 복원하는 중이다. 무너져서 제 자리를 찾지 못한 돌 조각들이 군데군데 무더기로 쌓여있다. 과거의 웅장하고 영화로웠던 모습은 간곳없다. 완전히 복원하려면 사원을 해체하고 나무를 제거한 뒤 다시 지어야 하고, 사원을 그대로 둔 채 나무만 제거한다면 사원이 무너지므로 지금은 나무가 덜 자라게 조치하고 사원은 버팀목으로 괴어주고 있다.

이 사원을 지은 12세기 무렵의 캄보디아는 역사상 최전성기였다. 인도지나반도를 거의 다 차지했던 거대한 제국이었다. 국력은 물론 문화적, 경제적으로도 최고점을 이루었다. 사원뿐만 아니라 곳곳에 병원과 휴게소, 저수지를 지었다. 당시 유럽의 대제국보다도 인구 밀도가 더 높았다고 하니 태평성대의 시절이라 아니할 수 없다.

이런 영광의 시대가 대를 이었으면 얼마나 좋았을까. 명군이었던 자야바르만 7세가 세상을 떠나고 새 왕이 등극하자 나라 안은 오랫동안 내분이 일어나 혼란스러웠다. 그사이 힘을 키운 인접 국가들이 영역 확장을 위해 호시탐탐 찝쩍댔다. 힘을 합치지 못하니 국력이 급격히 약해져서 제대로 방어하지 못하여 주변국에 야금야금 영토를 잃게 되었다.

급기야 당시 수도였던 앙코르마저 빼앗겨 남쪽 프놈펜으로 천도하기에 이르렀다. 사원은 보석 등 귀한 것은 약탈당하고 파괴되어 버려지고 말았다. 침략국에서 남의 나라 사원이 무슨 가치가 있어 보존할까. 밀림 속에 묻혀있던 사원이 18세기 프랑스의 한 과학자에게 발견되기까지 사백 년 이상 방치되어 있었고, 그동안 나무가 자라서 사원을 점령해 버렸다.

나라를 제대로 지켰다면 사원은 이토록 폐허가 되지는 않았으리라. 제때 관리받아 본래의 웅장하고 정교했던 석조예술을 오롯이 보유할 수 있었을 것이다. 동남아를 호령했던 나라가 지금은 주변국 중, 가장 빈국이 되었다. 문화재를 보수할 능력은 고사하고 이웃 나라들의 원조를 받아서 생활하는 형편이다.

사원 관람을 마치고 밖으로 나온다. 애잔한 마음이 들어 뒤돌아본다. 탑 문 위에는 사원을 지은 왕의 얼굴이 네 개의 방향으로 양각되어 있다. 달관한 듯 그윽한 미소를 지으며 방문객들을 향해 귀띔해 주는 듯하다. 국가든 개인이든 스스로를 지키지 못하면 이런 모습이 된다고.

옷매무새를 가지런하게 다듬으며 사원을 등지고 발길을 옮긴다.

타 프롬 사원을 읽다 2
– 통곡의 방

    나무들이 점령한 타 프롬 사원, 이곳은 효의 사원이다. 자야바르만 7세 왕이 어머니에 대한 그리움과 못다한 효가 한이 되어 쌓아 올린 성전이다.

    경내에는 수많은 돌탑이 있다. 그 중에서 사원의 상징이라고 하는 '통곡의 방'으로 들어선다. 통곡하는 공간을 따로 두다니 얄궂은 일이다. 두어 평 남짓한 공간에 3층 건물 높이로 돌을 쌓아 올렸다. 황토 바닥의 중심에는 돌무더기가 있고, 꼭대기는 뚫려있어 빛이 스며든다.

탑 꼭대기를 뚫어놓은 연유를 생각해 본다. 아마도 어머니의 영혼이 빛의 사다리를 타고 내려와서 왕을 보듬어 줄 거라는 기대가 담겨 있을 것이다. 또 자식의 어머니에 대한 극락왕생 기도가 오롯이 하늘에 닿기를 바라는 마음 때문이리라.

탑 안에서 일행들이 가슴을 탕탕 친다. 덩달아 나도 가슴께를 두드려본다. 손뼉을 치면 마른 장작 쪼개는 소리만 나는데, 가슴을 치니 북소리처럼 둥둥 울림통 소리가 난다. 메아리로 돌아오는 울림통 소리에 설움이 북받쳐서 눈물이 쏟아질 것 같다.

자야바르만 7세는 크메르 제국의 최전성기를 이룬 왕이다. 인도지나반도를 거의 다 차지할 만큼 거대한 제국을 이룩했고, 곳곳에 사원과 병원, 휴게소, 저수지를 짓고 도로를 닦았다. 국력을 키우고 백성을 위한 편의시설을 건설하느라 여념이 없었을 텐데도 이곳에 들어와 못다한 효도에 가슴을 치며 울었다.

왕은 50대 중반에 왕좌에 올랐다. 그가 왕위에 오르기 직전의 크메르는 혼란스러웠다. 후계자들의 내전 속에서 주변국이 쳐들어와 나라가 사분오열 위기에 처했다. 급기야 침략국에 수도마저 털리는 굴욕적 상황에서 그가 등장하여 외세도 몰아내고 내전을 잠재워 왕이 되었다.

자야바르만 7세는 적통이 아니었다. 위기에 **빠진** 나라를 구하기 위해 총대를 메다 보니 왕이 되었다. 국력을 키우고 백성을 위하느라 밤낮이 모자라도록 몸을 받쳐도 왕족들에게 업신여김을 당했다. 뿐만 아니라 자리를 넘보는 무리로 인해 목숨까지 위태로웠다.

하지만 약한 모습은 공격당할 수 있는 빌미가 되기에 아무 데서나 눈물을 뿌릴 수가 없었다. 이 방에 들어서야 마음을 부려놓고 억장을 치며 통곡했다. 또한 효를 다하지 못한 채 어머니를 떠나보낸 한으로 가슴을 쳤다.

이곳에서 가슴을 치면 사람마다 울리는 정도가 다르다고 한다. 불효자일수록 울림이 더 크단다. 아닌 게 아니라 나는 범종 소리만큼 크게 울려 퍼진다. 가슴도 뻐근해지고 눈동자가 절로 뜨거워진다. 세상을 떠난 내 어머니가 떠올랐기 때문이다.

어머니는 돌아가시기 얼마 전, 허리 디스크 수술을 했다. 수술을 해도 깔끔하게 낫지는 않았다. 병원에서는 더 이상 치료할 게 없다고 하여 주변에서 알려주는 민간요법으로 통증을 완화시켰다. 술을 못 마시는데도 개다래 열매나 지네술까지 담가서 복용했다. 얼음찜질, 열찜질을 하고 침도 맞고 뜸도 뜨니 어머니 등은 치료 자국으로 채워졌다.

당시 나는 첫애를 낳고 내 살림 꾸리기에 골몰했다. 가난한 집에 시집간 나를 안쓰럽게 여기는 어머니의 마음을 하루속히 편하게 하려고 남편 일을 거들고 있어서 휴일도 없었다. 특별한 날에 친정에 들리기는 했지만 돌아오기 바빴다. 아픈 손가락이었던 딸에게 어머니는 허리에 손을 받쳐가면서도 음식을 장만하여 먹여서 보냈다. 내 살림살이가 안정되면 어머니와 여행도 다니고 맛나는 것도 대접하리라 다짐하며 돌아왔다.

허리병으로 시난고난하던 어머니가 쓰러졌다. 진찰 결과 뱃속 여러 곳이 상해 있었다. 속병이 나도 허리가 아프다는데, 어찌 그걸 생각 못했을까. 허리만 치료할 게 아니었다. 후회와 한탄으로 머리를 쥐어박아도 소용없는 일이었다.

어머니가 세상을 떠난다는 생각을 한 번도 해본 적이 없었다. 불사조처럼 죽지 않고 늘 가족을 챙기며 살 거라고 여겼다. 어머니는 쓰러진 지 한 달도 못 되어 먼 길을 떠났다. 패혈증으로 돌아오지 못하는 길로 가셨다. 돌아가시기 전날, 열어놓은 봉창을 통해 흘러가는 구름을 한없이 바라보더니 꽃상여를 타고 너울너울 마지막 길을 가셨다.

남겨진 가족은 창자가 끊어지는 듯했다. 평생 가족을 위해 헌신만 하고 떠난 어머니에 대한 죄스러움으로 서로에게 좀 더 관심을 기울이게 되었다. 반쪽을 잃은 아버지의 시름을 덜어드리려고 나와 내 형제들은 아버지와 함께 여행도 다니고 즐기는 음식을 챙겨드렸다. 하지만 아버지는 어머니의 부재로 인한 상심이 컸던 탓인지 지병이 재발하여 효도를 다 못 받고 어머니 뒤를 따라가셨다. 그렇지만 아무것도 못 해 드린 어머니보다는 한이 덜 맺혔다.

    자야바르만 7세의 어머니에 대한 그리움과 참회에 백배 공감한다. 왕처럼 번듯하게 사원을 짓지는 못해도 마음속 골짜기에 사원 하나 지어 놓고 어머니가 그리울 때면 눈물짓고 사후세계의 평안을 기원한다.

랜드마크라 일컫는 대단지 아파트도 값으로 환산이 된다.
하지만 사람은 금전으로 따질 수 없는 무한대의 가치이다.

제5부

동바리

- 사와로 선인장
- 동바리
- 웅 어르신
- 최고의 가치
- 중요한 건 화를 푸는 방법이야
- 설탕여자, 소금남자
- 군인들의 소울푸드
- 마기꾼
- 할머니라고?

사와로 선인장

아지랑이가 아롱아롱 봄을 손짓한다. 화단에 개나리는 꽃잎을 뾰족이 내밀고, 목련은 환하게 꽃등을 켠다. 어디선가 아이의 까르륵 웃는 소리가 들릴 것만 같은 명랑한 봄이다.

바깥의 산뜻한 분위기와는 달리 소년원 학생들의 얼굴은 무표정이다. 봄꽃같이 피어야 할 나이가 무색하게 잿빛이다. 심리를 앞둔 학생들은 기대하는 판결을 못 받을까 봐 두렵고, 금방 들어온 학생들은 통제받는 생활의 적응이 어렵기 때문이다.

이곳은 법원에서 위탁한 학생들을 맡아서 교화시키는 기관이다. 갇혀 지내는 학생들에게 사회에 복귀해서 탈 없이 살 수 있도록 법, 인문, 정서 과목을 교육한다.

오늘 독서치료 수업 주제는 '어떻게 살까?'이다. 사막에 사는 사와로 선인장의 삶을 다룬 '선인장 호텔'을 읽으면서 풀어보기로 한다.

가지를 뻗은 선인장들이 책 표지에 가득하다. 미국 애리조나 사막의 사와로 선인장 군락지를 보는 듯하다. 이글거리는 태양 아래서 하늘을 찌를 듯 서 있는 모습이 사막의 파수꾼 같다.

사와로 선인장은 싹이 난 지 십 년 지나야 한 뼘 정도 자란다. 쉰 살에 어른 키가 되고 꽃이 피며, 예순에 가지를 뻗는다. 백오십 살쯤 되면 5층 건물과 맞먹는 키에, 자동차 다섯 대의 무게나 되는 둥치가 된다. 그 후 성장은 멈추지만 이백 년을 살다가 쓰러진다.

사와로 선인장은 헌신의 식물이다. 꽃 피고 열매 맺을 때부터 새와 벌, 나비가 날아들기 시작한다. 날짐승과 곤충들이 꿀과 열매를 먹고는 선인장의 몸통에 둥지를 뚫어 아예 눌러앉는다. 선인장의 아름드리 몸집이 뜨거운 여름 볕과 추운 밤을 지켜줄 수 있어서다. 목숨이 다하여 쓰러져도 너른 품으로 땅에 사는 동물들의 안식처가 되어준다. 풍화되어 뼈대만 앙상하게 남은 몸은 지붕이나 울타리를 짓는 목재로 쓰이기도 하고 선인장의 열매를 따는 장

대로도 쓰인다.

하지만 내어주기만 하는 삶은 아니다. 베풀고 사는 보답이 따라온다. 깃들어 사는 동물들이 해로운 벌레를 잡아주어 병에 걸리지 않는다. 동물들과 더불어 살아가니 하늘만 바라보고 서 있어야 하는 허허로운 사막에서 고독을 해소할 수 있다. 또한, 사후에도 쓰임이 있어 계속 사는 것과 진배없지 않은가.

학생들에게 선인장 호텔의 감상을 들어본다. 사와로 선인장이 느리게 성장하지만 오래 사는 것이 신기하단다. 살아서는 물론 죽어서까지 자기 몸을 내주는 것이 인상적이라고 한다. 아낌없이 베푸는 삶이 대단해 보인다면서도 자신들은 그렇게 살고 싶지 않다는 듯 고개를 갸우뚱거린다.

학생들의 반응에 공감한다. 아직은 어린 나이다. 가정의 울타리 안에서, 세상의 바다에서 다양한 보살핌을 받았어야 했는데, 열에 아홉은 그러지 못한 아이들이다. 가정의 붕괴로 가치관이 바로 서기도 전에 세상으로 내몰려 비행에 휩쓸렸다. 관심 기울여서 돌봐주는 사람이 있었다면 이곳에 오지 않았을 거라는 통계가 있다. 제대로 보호받지 못했던 학생들이니 주고받고 사는 보람을 어찌 알아서 실천하고 싶을까.

독후 활동으로 20년 뒤의 생활을 상상하여 글쓰기를 한다. 중고등학생들이니 이십 년 후면 대부분 서른 후반이 된다. 그때가 되면 직장에 다니든, 사업을 하든 대개가 자리를 잡을 테고 비혼주의자가 아니라면 가정도 이룰 나이다.

학생들의 활동지를 모아본다. 직업은 경찰관, 공무원, 약사, 일수쟁이, 요리사, 부모님 재산 관리 등이다. 공통점은 편하게 일하면서 돈을 많이 벌어 큰 집과 멋진 차를 소유하고 예쁘고 착한 배우자와 사는 것이다. 취미생활로는 골프를 치고 오토바이를 탈 거라고 한다.

학생들은 장밋빛 미래를 그려보지만, 바라는 대로 이루어질지 모르겠다는 표정이다. 공통으로 몇 가지 걱정거리를 갖고 있다. 출소 후 생활의 어려움과 주변의 곱지 못한 시선, 별일 없이 학교에 다니는 친구들에 비해 출발이 늦다는 것이다.

선인장 호텔 이야기를 되짚어 들려준다. 사와로 선인장은 식물이 살기 어려운 사막에서 산다. 한낮의 뜨거운 태양과 모래바람, 밤이 되면 갑자기 뚝 떨어지는 기온을 견뎌야 한다. 느리게 자랄 수밖에 없는 환경이지만, 시간이 흐르면서 바람에 흔들리지 않도록 깊이 뿌리 내리고, 더위와 추위에 견딜 수 있는 딴딴한 몸이 된다. 결국에는 꽃을 피우고 열매를 맺는다. 나아가 찾아오는 동물들에게 열매도 나눠주고 몸까지 내어주면서 오래오래 살지 않느냐고 목소리에 힘을 싣는다.

한술 더 떠서 나누며 보람을 느끼는 나의 이야기도 곁들인다. 책 속의 이야기와 실제 경험담을 더하면 설득력이 배가 될 수 있어서다.

책을 매개로 등을 토닥여주고, 희망을 솟게 해주는 일을 한 지 스무 해가 되어 간다. 사와로 선인장처럼 나도 늦게서야 나누며 사는 길로 들어왔다. 불혹의 중반, 아이들이 내 품을 떠나 제 갈 길로 날아갔을 때였다. 바빴던 손이 쉬게 되자 남은 삶에 대해 생각하는 여유가 생겼다. 앞으로도 가족을 뒷바라지하는 만큼 보람 있는 일을 갖고 싶었다. 궁리 끝에 마음 다친 아이들, 아픔이 있는 사람들을 쓰다듬는 일을 하기로 했다. 평소에 책을 가까이했기에 관련된 일을 찾아보니 독서치료사였다.

자격증을 손에 쥐니 용기가 차올랐다. 노인의 외로움을 다독이고 청소년에게 희망을 불어넣는 일을 자청하였다. 간혹, 우울증을 못 이기는 노인에게 머리채를 잡히고, 짓궂은 학생의 장난에 넘어지기도 했다. 그럴 때는 허탈감이 온 신경을 타고 돌았다. 가족들 뒤에서 조용히 내조하던 때로 돌아가고 싶은 마음도 들었다. 하지만 모나고 울퉁불퉁한 심성을 감싸안아 둥글게 어루만지는 것이 내 일 아닌가. 금빛 날개를 가졌어도 공기의 저항이 없다면 날 수 없듯, 날갯짓과 저항이 균형을 이루며 앞으로 나아가는 것이리라. 청둥오리도 강한 상승기류를 타고 높디높은 히말라야를 넘는다지 않는가. 내 몸짓이 그들에게 위안일 수 있다면 얼마든지 웃을 일이다. 이리저리 부딪치며 나를 비우다 보니 그 자리에 일이 들어왔다.

대상자들은 주로 비탈에 선 나무들이다. 울타리 안 소년원이며, 외진 군부대, 낯선 다문화 교실과 쓸쓸한 요양원을 찾아다닌다. 그중에 소년원 학생들의 교화에 참여한 지는 십 년 된다. 한 사람이라도 더 바른 삶을 살 수 있도록 내가 가진 재능을 나누고 있다. 그러나 일방적인 나눔만은 아니다.

'이제 이곳에서는 만나지 않을게요. 책 읽는 즐거움을 알게 됐어요. 그동안 고마웠어요.' 라는 가슴 뭉클한 반응이 돌아온다. 이런 감동이 있기에 건강이 허락해 주는 한 이곳에 계속 올 거라고 말해 준다.

훈훈해진 학생들의 표정을 읽으며 어떻게 살까에 대해 정리한다. 성장이 느려도 꽃을 피우고 열매를 맺는 선인장처럼 소년들의 삶도 그러하기를! 어렵게 피워낸 삶이지만 찾아오는 동물들에게 열매를 나눠주고 몸을 내주는 선인장처럼 소년들의 삶도 그렇게 풍요로울 수 있기를!

한 학생이 불쑥 손을 들어 인사한다.

"오늘이 마지막 수업이네요. 앞으로는 말썽 피우지 않고 살게요."

나도 손을 번쩍 들어 화답한다.

"그럼, 그래야지. 사와로 선인장처럼!"

동바리

　건물 붕괴 장면이 TV 화면에 가득 찬다. 신축 중이던 건물의 한쪽 면이 무너져 내린다. 마천루 같은 건물 꼭대기에서 잔해들이 눈발 날리듯 아래로 떨어진다.
　사고가 난 곳은 어느 도시에서 랜드마크로 내세우는 대단지 아파트 건설 현장이다. 공사 중인 건설사도 알아주는 기업이다. 완공을 몇 개월 앞두고 막바지에 건물이 무너지는 사고가 났다.
　건물의 붕괴 요인으로, 설계 도면 변경과 콘크리트 밀도 저하, 동바리의 조기 철거를 꼽는다. 총체적 문제가 작용한 인재이며, 동바리의 조기 철거가 가장 큰 원인이라고 입을 모은다.

동바리가 무엇인가. 건축 과정에서 한 층, 한 층 콘크리트로 바닥을 깔 때, 콘크리트가 단단하게 굳어서 제 기능을 할 때까지 아래층에 지지대를 받쳐두어야 한다. 그 지지대 역할을 하는 것이 동바리이다. 겨울철 눈, 비가 내릴 때는 콘크리트가 늦게 굳어져서 더 오랫동안 동바리를 받쳐두어야 한다.

이 건물은 제일 꼭대기 층 공사를 할 때 사고가 났다. 공사 기일을 맞추려고 눈이 오는데도 바닥 작업을 하고 콘크리트가 완전히 굳기도 전에 동바리를 철거해 버렸다. 그 바람에 마지막 층이 내려앉고 아래층들도 하중을 이기지 못해 도미노처럼 무너져 내린 것이다.

건물 붕괴 장면에 앳된 석이의 얼굴이 겹친다. 석이는 소년원에서 내가 진행하는 독서 상담 프로그램에 참여한 학생이다. 그 학생은 이곳을 세 번째 들락거리고 있다. 여기서 외부 강사는 학생 얼굴과 이름을 기억하지 않는 것이 예의라 여겨 그들의 모습을 머리에 담아두지 않고 훌훌 날려버린다. 우연히 사회에서 만나거나 재입소하여 다시 보게 될 때 서로가 겸연쩍기 때문이다. 하지만 그 학생은 유별나게 덩치가 작아서 기억이 사라지지 않는다.

석이가 처한 상황을 알게 된 것은 집단상담으로 가족 사랑에 대한 이야기를 나누고부터였다. 가족 동화 '돼지책'을 읽고 독후활동으로 식구들을 동물로 표현해 보기로 했었다. 석이는 엄마를 날카롭게 보이는 뻐꾸기로 그렸다. 엄마가 아빠와 자신을 버리고 집을 나간 까닭이리라. 아빠는 병든 병아리로 표현했는데, 엄마의 가출 후 시름시름 앓다가 삶의 끈을 놓아버렸다.

  석이의 부모는 어린 나이에 자식을 낳았다. 그들은 자신의 꿈을 펼쳐보기도 전에 연애하고 아이를 낳았다. 자녀 양육이 그리 호락호락한 일이던가. 아이가 홀로 설 수 있을 때까지 지갑도 열어놓아야 하고 오랫동안 잔손, 큰손이 끝없이 요구되지 않는가. 더군다나 자신들도 부모의 보살핌을 받아야 할 처지에 자식을 키우게 되었으니 그 고충을 말해 무엇할까.

  석이아빠가 공익요원으로 군 복무를 하게 되자 석이엄마는 가장 역할을 맡아야 했다. 그는 군 복무를 마치고도 생활에 별 도움을 주지 못하여 그녀가 계속 먹살이 문제를 해결했다. 활달하고 생활력이 강했던 그녀는 그에게 누나 같은 존재였고, 내성적이고 여렸던 그는 그녀에게 의존하며 살았다.

  석이엄마는 무슨 사정이 있어 사랑했던 가족을 버려야만 했을까. 가파른 삶의 고달픔 때문이었나, 아니면 남편과의 삶에 희망의 빛이 보이지 않아서였을까. 그렇더라도 모성의 힘으로 가족을 이끌어 갈 수는 없었던가. 그녀에게 있어 모성보다 우위에 있는 가치는 대체 무엇일까. 이루지 못한 꿈인가, 아니면 가족을 내팽개칠 만한 새로운 인연인가.

    석이아빠는 아내가 떠나자 실의에 빠졌다. 의지했던 만큼 타격이 컸으리라. 그렇더라도 부성애란 것이 있지 않은가. 아무리 나약한 사람이라도 부모가 되면 없던 힘이 생겨나고 책임감이 절로 든다. 그는 엄마 잃은 어린 자식을 어떻게든 키워야겠다는 생각보다 믿었던 아내에게 버림받은 상처로 신음하다가 영원히 일어나지 못했다.

    혼자서는 세상을 헤쳐 나갈 수 없는 시기, 석이의 지지 기반이 사라졌다. 이유 없는 반항기가 왔을 때, 엄마에게 버림받은 분노와 아빠마저 잃은 슬픔이 가중되어 비행으로 이어졌다. 할머니 집과 고모 집을 오가며 생활하지만 지지 기반으로는 마땅하지 않았던 모양이다.

    이번에도 길에 세워놓은 남의 오토바이를 타고 달리다가 붙잡혔다. 분노와 슬픔이 회오리치면 곡예 하듯 질주하고 싶단다. 멀리 못 가서 잡힐 게 뻔한데도 충동을 누르지 못한다. 보호처분 받을 나이가 지나도 마음을 잡지 못한다면 아마 평범하게 살기 어려울 것이다. 아니, 그렇게 질주하다가는 목숨마저 위태로울 수 있다.

석이의 삶이 무너지게 된 까닭도 건물 붕괴처럼 여러 가지가 작용했으리라. 성격이라든지 학교 부적응, 불량 친구와의 어울림, 부모의 부재 등이 원인이겠다. 그중에서 가장 큰 탓은 아마도 아이에게 동바리 역할을 해주는 부모의 부재가 아니겠는가. 가정이 붕괴된 아이들 모두가 비행의 길로 간다고 볼 수 없지만, 아이가 홀로서기까지는 부모의 역할이 크다고 아니할 수 없다.

해가 갈수록 석이처럼 철창문을 들락거리는 아이를 자주 본다. 출산율은 절벽 감소라는데, 비행 소년은 줄지 않는 게 현실이다. 가정 안에서도 개인주의와 이기주의가 한몫한 탓일까. 소년원을 출입하는 학생 중 팔 할은 부모가 제대로 역할을 하지 못한 경우이다.

요즈음 자식 뒷바라지가 어디까지여야 하는지 이야깃거리로 자주 등장한다. 누군가는 자녀가 대학을 졸업할 때까지라 하고, 또 누군가는 결혼할 때까지라 한다. 한술 더 떠서 손자 낳고 자리잡을 때까지라는 사람도 있다. 사정에 따라 다르겠지만 지지 기간이 넘쳐도 캥거루 족이 되는 화를 부른다. 그런가 하면 석이는 너무 일찍 동바리를 잃어서 문제가 된 셈이다.

아프리카 지방의 속담에 한 아이를 키우려면 온 마을이 필요하다는 말이 있다. 공감이 가는 이야기다. 마땅히 부모가 자식을 키워야 하고, 마을의 할머니 할아버지, 아저씨 아주머니, 누나 형이 가족의 마음으로 보살펴준다면 아이들은 엇길로 발을 들이지 않을 것이다. 소년원에서 교화를 통해 마음을 잡고 출소한 아이들에게도 이웃이 편견의 시선을 거두고 가족의 마음으로 대해준다면 평범하게라도 살고자 하는 그들의 바람에 큰 힘이 되리라.

붕괴된 아파트 단지는 다 부수고 새로 짓는다고 한다. 그러자면 원래 완공 예정일보다 곱빼기의 시간이 필요하고 어마어마한 경비가 들 것이다. 무너진 건물은 비용과 시간을 들이면 다시 세울 수 있다. 무너진 인생도 교화의 시간과 지역사회의 동바리 역할로 바로 설 수 있으면 좋겠다.

랜드마크라 일컫는 대단지 아파트도 값으로 환산이 된다. 하지만 사람은 금전으로 따질 수 없는 무한대의 가치다. 한 시인이 말하기를, 사람이 온다는 것은 그의 과거와 현재와 미래가 함께 오기에 어마어마하다고 한다. 그토록 귀한 존재이기에 동바리가 된 사람들은 함부로 그 책임을 회피해서는 안 될 일이다.

TV에서는 건물 붕괴 장면을 반복해서 비춰준다. 사고 현장에서 기자가 여전히 급박한 상황을 전달해 준다. 짓고 있던 건물이 처참하게 무너져 내리는 장면을 목격하면서, 새삼 사람의 지지 기반의 막중함을 느낀다.

웅 어르신

 웅 어른의 연세는 여든쯤으로 보였다. 훤칠한 키에 얼굴은 흔히 말하는 훈남 스타일이었다. 허리도 젊은 사람 못지않게 꼿꼿해서 치매 어른들이 생활하는 노인보호센터에는 어찌 계실까, 사연이 몹시 궁금했다.

 내가 센터에 들어서면 웅 어른은 "이히 리베 디히, 아이 러브 유." 손을 흔들며 큰소리로 인사를 보냈다. 그러면 나도 샛노란 개나리처럼 천진스럽게 그의 인사를 따라했다. 웅 어른과 나는 달콤한 인사를 나누면서 이미 마음이 트였다.

독서치료 강사로서 어른들을 뵙고 있다. 참여자들과의 교감을 위해 수업은 주로 신명 나는 노래로 문을 연다. 반주가 흐르면 웅 어른은 벌떡 일어나 자진해서 마이크를 잡고 남인수 선생 뺨치는 노래 솜씨로 노인센터의 분위기를 후끈하게 달구어 주었다. 대학에서 학생들을 가르쳤다고 했는데, 역시 남 앞에 서는 것이 자연스러웠다. 핸섬한 외모에 노래까지 유창하게 부르는 걸 보니 그의 젊은 시절이 얼마나 화려했을지, 가히 짐작이 가고도 남았다.

흥으로 멍석을 깔아주는 웅 어른 덕분에 수업이 순조롭게 진행되었다. 동화를 읽고 질문을 하면 어른들은 앞다퉈 손을 들고 대답했다. 가물거리는 기억을 붙잡아 주고 우울한 기분을 잠시나마 잊게 하려고 애쓴 보람이 느껴졌다.

웅 어른의 태도가 만족스러운 날만 있는 것은 아니었다. 노래로 수업을 시작할 때 그 어른의 흥이 올라서 노래를 연달아 두 곡을 부를 때도 있었다. 그런 날은 어른들의 기분이 가라앉지 않아 계속 노래 부르고 놀자는 분위기가 되었다. 내 소임을 하려고 책을 읽으면 다른 어른들은 묵묵히 듣고 있는데, 웅 어른은 노래할 때와는 전혀 다른 모습으로, "고마해라!" 고함을 치기도 해서 무척 당황스럽기도 했다.

하지만 어쩌랴. 잠깐 사이에도 손바닥 뒤집듯 기분이 바뀌는 증세를 가진 웅 어른이기에, 책을 다 읽고 노래하자고 추스르면 마음이 곧장 풀어지니 응석으로 여길 수밖에 없었다.

어느 날은 웅 어른으로 인해 배꼽이 달아날 뻔한 날도 있었다. 내가 나가는 노인센터에는 남, 녀 어른이 섞여 앉지 않는다. 그런데 하루는 남자 어른이 분홍색 스웨터를 입고 입매가 고와 보이는 어느 할머니 옆에 앉아 있었다. 의외의 풍경에 고개를 갸웃거리며 들어갔는데, 아니나 다를까 바로 반응이 일어났다. 웅 어른이 나를 손짓으로 급하게 불러 가보니 귀에 대고 소곤거렸다.

"저것들 연애한대이."

아마도 웅 어른은 그 어른들을 시샘하는 듯했다. 치매와 우울증을 가진 노인들이 지내는 곳에서 연애한다는 말은 의외였다. 천진스럽고 엉뚱한 웅 어른의 그 말에 순간 웃음이 빵 터지고 말았다.

노인센터 수업에 재미를 붙여 한 학기의 절반이 지날 때쯤이었다. 그날도 나는 기분 좋게 문을 열고 들어섰다. 그런데 웬일인지 익숙한 인사 소리가 들리지 않았다. 어른들이 삼삼오오 모여 있는 자리를 살펴보아도 웅 어른의 모습은 보이지 않았다. 든 자리는 몰라도 난 자리는 안다더니 웅 어른의 부재에 휑한 기운이 감돌았다. 한마디로, 수업 분위기를 들었다 놨다 하던 분이었기에 빈자리가 더 크게 느껴졌다.

흥이 일지 않는 내 마음이 전해져서일까, 노래할 때 서로 마이크를 잡겠다고 웅 어른과 다투던 분도 심드렁한 표정이었다. 다른 분들도 여느 때보다 더 무기력한 모습이었다. 가라앉은 분위기를 끌어올리지 못해서 물에 물 탄 듯, 술에 술 탄 듯 리듬 없는 시간이 흘러갔다.

　좀 별났던 웅 어른, 가끔씩 태클 걸어 곤란스러울 때도 있었지만 구성진 노래 솜씨와 리액션으로 수업의 활력소였다. 별난 사람이 별이 된다는 말이 있듯, 노인센터에서는 웅 어른이 별이었다.

　노인센터에서는 갑자기 안 보이는 어른이 가끔 있다. 건강이 악화되어 요양원으로 옮겼거나 때로는 돌아오지 못하는 길로 가셨기 때문이다. 웅 어른도 치매가 심해져 요양원으로 갔단다. 어느모로 봐도 요양원으로 갈 만큼 심각한 증세를 보이지 않았는데, 노인들의 건강 상태는 앞날을 알 수 없는 우리네 인생만큼 종잡을 수가 없는 모양이다.

　적막한 요양원에서 쓸쓸하게 지내실 웅 어른이 생각난다. 그로 인해 인생의 겨울을 좀 더 깊이 바라보게 되었다. 늙으면 몸이 쇠퇴하는 것처럼 감정도 말라 나무토막처럼 되는 줄 알았다. 하지만 거동이 불편해도, 기억력이 사라지고 몸이 아파도, 노래를 부를 때 흥은 여전했고, 이성에 대해 호감을 느끼는 감정 또한 사라지지 않았다. 희로애락의 본능은 죽음과 함께 소멸하는 것이었다.

웅 어른은 나와 함께 했던 시간을 기억이나 할까. 하지만 나는 그 어른으로 인해 웃었던 일이 많아 오래도록 지워지지 않을 것이다. 때때로 웅 어른의 인사가 그리워지기도 하리라.

"이히 리베 디히, 아이 러브 유."

그 인사는, 나에게만이 아니라 세상 사람들을 향해 '인생을 사랑해' 하는 것 같다.

최고의 가치

 미국의 어느 리서치센터에서 선진국 열 몇 개 나라를 대상으로 삶의 최고 가치를 조사했다. 거의 모든 국가에서 가족을 첫째로 꼽았는데, 우리나라만 물질적 풍요를 가장 으뜸으로, 가족은 그다음 다음 세 번째로 쳤다.
 우리나라도 몇 년 전까지는 사랑하는 사람과 가정을 이루는 것이 최고의 가치였다. 다음이 적성에 맞는 일을 하면서 돈과 명예를 얻는 것이었다. 하지만 지금은 순서가 바뀌었다. 경제불황, 고용불안 등 먹고살기가 팍팍해진 원인이 크겠지만 가족이나 공동

체보다 개인의 삶이 더 중요하다고 생각하는 자기중심적 사고가 한몫하기 때문이다.

설문조사 순위와 같이 가족의 소중함이 뒤로 밀려난 결과가 다양한 모습을 보여준다. 이혼, 졸혼, 혼밥, 혼술, 비혼, 비출산 등 탈가족화 현상이 그것이다. 이러다가는 가족을 위한 무조건적 희생도, '가화만사성 수신제가 치국평천하'라는 말도 먼 나라 이야기가 될 수 있겠다.

가족을 소홀히 여기는 바람에 파급되는 불행도 여러 가지다. 가정이 온전히 기능을 하지 못하면 아이들에게 고스란히 영향을 끼친다. 몇 년 전부터 소년분류심사원에서 인성교육에 참여하고 있는데, 원만하지 못한 가족 관계로 인한 아이들의 불행을 목도하고 있다.

소년분류심사원은 법원에서 위탁한 10~18세 소년들을 수용하여 교정교육과 상담을 통해 자질을 심사하는 곳이다. 심사자료는 판사가 재판을 할 때 소년들에게 적절한 처분을 내릴 수 있는 참고가 된다. 자신이 저지른 행동을 진심으로 뉘우치고 돌아갈 집이 있는 학생은 가벼운 처분을 받고 가족의 품으로 돌아간다. 하지만 해가 갈수록 두 번, 세 번 들어오는 학생을 자주 목격한다.

이곳은 학생들의 교화를 위해 마련된 시설이지만 구금생활이다. 24시간 CCTV로 감시받으며 취침 시간 외에는 등을 바닥에 붙일 수 없다. 그들은 천둥벌거숭이의 나이다. 먹고 싶은 거 못 먹고, 하고 싶은 거 못 하고, 가고 싶은데 못 간다는 그 자체가 형벌이다. 일정 기간 사회와 단절되는 것이 두렵고 싫을 건데도 다시 들어오는 학생이 늘고 있다.

하루는 직원이 잔뜩 찌푸린 얼굴로 종이 한 장을 내밀었다. 갇힌 소년의 엄마가 자녀에게 보낸 편지인데 학생에게 전달해야 할지 말아야 할지 모르겠다며 난감해 하면서 보여주었다.

소년의 엄마는 결혼 후 단 한 번도 행복하지 않았다고 한다. 쫓겨 다니는 인생을 사는 남편 대신 생계를 꾸리느라 고생이란다. 자식 키우는 행복이라도 느끼고 싶었는데, 일하느라 관심이 소홀한 틈을 타서 자식도 가출을 일삼다가 결국은 비행을 저질러서 여기까지 왔단다. 학원 강사로서 아들의 일이 알려지면 일을 못 하게 될까 봐 불안한 상태이며, 자신이 왜 이렇게 불행하게 살아야 하냐며 아들에게 원망하는 내용이었다.

직원은 학생이 정신과 약까지 복용하고 있는데, 이런 내용의 편지는 해가 될 것 같아 차마 전할 수가 없어서 보관하고 있다.

학생을 위하려는 직원의 마음에 공감하며 생각해 본다. 학생의 엄마는 자녀가 저지른 사건에 격분해서 일시적인 감정을 편지에 쏟아놓았을 수도 있다. 아마 다음 날 마음을 가다듬으면서 아이를 보듬는 편지를 보내올 것이다. 부모와 자식 간에 으르렁거리며 살았어도 자식이 이런 구금 생활을 하게 되면 대부분의 부모는 마음이 약해지기 때문이다. 더군다나 가장 역할을 못하는 남편을 대신해서 생계를 꾸리고 자식을 키운 사람이었으므로.

이곳에 출입하는 학생 중 절반 이상이 가정의 붕괴로 온전한 사랑과 인정의 욕구가 결핍된 아이들이다. 울타리가 허술해 제대로 보호받지 못하여 정신적 질병을 앓기도 한다. 결핍을 채우기 위해 집 밖으로 나돌다가 비슷한 환경의 또래들과 어울릴 가능성도 높다. 그러다가 비행을 저질러 이곳에 들락거리는 경우를 흔히 본다.

리서치 결과를 보면서 마음이 무겁다. 가족보다 물질을 앞세우는 세상은 여러가지 불행을 초래한다. 특히, 자녀들의 앞날에 치명적인 영향을 끼친다.

중요한 건 화를 푸는 방법이야

　소년원의 인성교육 프로그램에 참여하고 있다. 대상은 중, 고등학생 또래들이다. 학생들이 이곳에 오게 된 원인은 다양하다. 순간적인 화를 이기지 못해 일을 저지르고 붙잡혀 온 경우가 적지 않다. 그들이 실수를 반복하지 않도록 독서로서 지도하고자 한다.
　오늘의 주제는 화이다. 관련된 영상으로 '오즈의 마법사' 중 한 장면을 보여준다. 주인공 도로시와 모험을 떠나는 허수아비는 뇌가 없어서 생각 없이 말한다. 뇌도 없는데 어떻게 말을 할 수 있냐는 도로시의 질문에 비아냥거리며 대답한다.

"사람들도 생각 없이 말할 때가 많지 않나요?"

학생들에게도 생각 없이 말한 적이 있는지 물어본다.

"화가 났을 때 그래요!"

학생들의 대답이다. 화의 불길을 걷잡을 수가 없어서 뒷감당을 헤아리지 않는 말과 행동으로 지금 이렇게 되었다며 고개를 조아린다.

화에 대해 본격적으로 다루고자 미셸린느 먼디의 '화가 나는 건 당연해'라는 책을 읽어 준다. 책 속에는 화가 난 경우를 글과 그림으로 보여준다. 친구하고 싸웠는데 자신만 혼났을 때, 잘하고 싶은 일이 꼬일 때, 누군가가 흉보고 놀릴 때, 따돌림당할 때 등 학생들에게서 흔히 일어날 수 있는 화의 종류가 나온다.

화를 푸는 여러 가지 방법도 알려준다. 화나게 한 사람에게 말 또는 글로 화났음을 알리기, 베개를 두들기거나 누르면 톡톡 터지는 비닐 밟기, 아니면 동네를 한 바퀴 뛰거나 화가 난 것에서 멀리 떨어져서 생각해 보기, 숲속에서 고함지르기 그리고 어른들에게 화가 난 이유를 털어놓고 도움 요청하기 등 다양한 방법이 있다.

책을 읽고 나자, 학생들은 한층 편안해지는 모습이다. 왜 화가 났으며 자기 방식으로 화를 표출한 결과가 어떻게 돌아왔는지, 앞으로는 화를 어떻게 풀 것인지에 대해 적어 보기로 한다. 자신들의 이야기를 활동지에 부려놓는 연필의 사각거리는 소리가 교실에 가득 번진다.

활동지를 거두어 살펴본다. 책에 나온 화의 양상과 크게 다르지 않다. 거기에 과격함이 보태졌다. 사소한 말싸움이 패싸움이 되고 기물까지 파손했다고 한다. 왕따를 참다가 폭발하여 상대방에게 신체적 상처를 입히기도 했다.

화를 푸는 법으로는, 책에 소개된 것도 있고 나름의 방법도 꽤 보인다. 이를테면 심호흡 열 번 하기, 노래방에서 목청껏 노래 부르기, 맵고 달고 짠 음식 먹기, 영화 보기, 게임 하기, 여행 가기다. 장난기 섞인 내용도 더러 있는데 술 마시기, 담배 피우기, 이성 친구 만나기 등이 양념처럼 끼어있다.

한때, 화를 참는 것이 미덕이라며 무조건 참았던 시절이 있었다. 오죽하면 참을 인忍 자가 셋이면 살인도 면한다는 말까지 나왔을까. 하지만 참는 것이 능사가 아니라는 말도 있다. 화병이 되거나 화가 폭발하여 상상 이상의 사고를 칠 수도 있기 때문이다.

화는 인간의 자연스러운 감정이다. 살아가면서 화나는 일이 없을 수 없다. 다만, 나와 남을 다치지 않게 제때 풀어내는 것이 중요하다. 물론, 화를 풀 때 명심해야 할 것도 있다. 아무리 화가 치솟더라도 상대방을 패거나 물건을 부수는 일은 하지 말아야 한다.

기분이 가라앉고 나면 후회하게 되고 책임도 따르니까. 함부로 말하지 않아야 한다. 화가 났을 때 하는 말은 몽둥이로 때리는 것만큼, 바늘로 찌르는 것만큼 상처를 주기에.

화의 에너지를 잘 쓰면 득이 되기도 한다. 상대 팀과 스포츠 게임을 할 때 지고 있으면 화가 난다. 그때 화는 게임에 이기게 하는 원동력이 될 수 있다. 공부에도 마찬가지다. 친구들보다 실력이 처지면 화가 나지만, 그 기운이 따라잡으려는 힘이 되기도 한다.

세상에 화가 나지 않는 사람 과연 얼마나 될까. 어쩌면, 화를 잘 풀고 사는 것이 평생의 화두 중 하나가 될 수도 있으리라. 대상자들은 아직 어린 학생들이니 화를 잘 푸는 훈련이 필요하다.

마무리로, 화를 푸는 방법이 기록된 책갈피를 펼쳐서 합창으로 읽는다. 배운 대로 꾸준히 실천하여 다시는 이곳에 오지 않기를 바란다. 엄마의 마음으로 한 사람, 한 사람에게 당부를 담은 시선으로 눈맞춤을 한다.

설탕 여자, 소금 남자

결혼이주여성들을 위한 그림책 테라피 시간이다. 무지개 색깔처럼 다양한 출신국 새댁들이 모인다. 그림책을 읽어주고 책 내용과 관련된 질문을 하여 그들의 불편한 마음을 들어준다. 만들고, 색칠하고, 쓰기도 하면서 마음의 평안을 찾도록 도와준다.

이번 시간에는 부부 이야기를 나누려고 한다. 그리스 전래동화 '설탕 엄마, 소금 아빠'를 읽는다. 설탕을 너무 좋아하는 여자와 소금을 너무너무 좋아하는 남자가 결혼했다. 성격 차이가 워낙 심해서 둘은 매일 다툰다. 아이들을 낳고도 둘 다 성질을 꺾지 못한다. 기가 더 센 남자는 급기야 여자를 내쫓고 만다.

여자는 남자와 아이들을 그리워하지만, 시간이 흐르면서 혼자 사는 생활에 적응한다. 하지만 남자는 아이들을 키우느라 고생이 극에 달하자 체통도 내팽개치고 결국 여자 집 문을 두드린다. 여자는 아이들을 앞세워 찾아온 남자에게 잠깐의 망설임 끝에 대문의 빗장을 풀어준다.

남자와 여자는 키스로 인사한다. 오랜만의 키스가 어찌나 깊었던지 서로의 입술이 달라붙어 버린다. 아이들이 겨우 떼어내지만 남자 입술에는 설탕이, 여자 입술에는 소금이 묻는다. 그 후 남자와 여자는 서로를 이해하게 되어 붙어살게 된다.

책을 읽는 동안 새댁들은 얼굴을 찡그리기도 하고 웃기도 한다. 이야기 속 남자의 권위적 행동에 화를 내고, 여자가 쫓겨날 때는 자기들 일인 양 안타까워한다. 불화를 겪은 뒤, 다시 만나 서로를 이해하며 살게 된다는 마무리에서는 다행스러운 표정을 짓는다.

새댁들의 부부생활은 어떤지 들어본다. 한 사람이 이야기의 물꼬를 트자 다들 한 마디씩 꺼내놓는다. 대만 댁은 남편이 집안일을 도와주지 않아서, 중국 댁 남편은 잘 삐쳐서, 캄보디아 댁은 남편이 부지런히 농사를 짓지 않아서 쨍그랑 소리를 낸단다. 그리고 우즈베키스탄 댁 남편은 퇴근하여 집에 오면 게임만 해서, 몽골

댁은 남편이 친구들을 집으로 자꾸 데려와서 얼굴을 붉힌다. 가장 나이 어린 베트남 댁은 딸을 낳은 지 얼마 되지도 않았는데, 남편이 자꾸만 아들을 낳자고 귀찮게 해서 지지고 볶는 중이란다.

참여자들은 시집온 지 다들 오 년이 넘었다. 처음에는 다툴 일이 지금보다 더 많았지만, 한솥밥을 먹으면서 차츰 서로를 이해하게 되었다. 어쩔 수 없는 습성 때문에 실랑이를 벌이곤 하지만, 책 속의 남자와 여자처럼 서로를 받아들이면서 한 이불 덮고 산다.

그중에서 캄보디아 댁 떼비가 할 말이 더 있다는 표정이다. 그녀의 길쭉한 얼굴과 가느다란 실눈이 한 성깔 하게 생겼다. 무표정일 때는 말 붙이기가 망설여진다. 그런 그녀가 불화의 경험을 털어놓는다.

그녀는 도시 근교에서 부모와 과일 농사를 짓고 사는 남자와 결혼했다. 남자의 바람대로 시어른들과 한집살이하며 아이도 셋을 낳았다. 고단했지만 먹고 싶은 것 먹을 수 있고, 갖고 싶은 것을 가질 수 있는 여유로운 생활이 좋았다.

하지만 남자가 워낙 게으르고 자신만 챙기는 성질 때문에 다투기 일쑤였다. 농사일 조금 거들고는 피곤하다며 눕고, 아이들이 울어도 나 몰라라 했다. 시어른들이 갑절로 그녀에게 신경 써 주지만, 남자에 대한 서운함과 실망을 상쇄시킬 수 없었다.

급기야 그녀는 몽당 빗자루도 일어나서 손을 보태야 하는 농사철에 혼자서 고향으로 떠나버렸다. 그 뒤의 상황은 불을 보듯 훤했다. 아이 셋 건사하랴, 농사지으랴 남아 있는 식구들은 손이 열 개라도 부족했으리라. 일주일이 되지 않아 남자가 찾아와 싹싹 빌고 각서까지 썼다. 자리를 이탈한 그녀도 내심 불편한 참이었는데, 남자가 먼저 손을 내밀어서 못 이긴 척하며 그를 따라왔다.

지금 그녀의 남자는 뚱뚱한 몸을 재바르게 놀리려고 애쓴다. 하지만 틈만 나면 누워 지내던 습관이 남아 있어 그리 만족스럽지는 않다고 한다. 그래도 그녀가 고함을 냅다 지르면 굼뜬 몸을 얼른 일으켜 밭에도 나가고 아이들도 돌본다. 마마보이로 세상 편하게 자란 남자와 거침없는 성격의 그녀는 옥신각신할 때도 있지만, 서로를 보듬으려 애쓰면서 한 울타리 안에 산다.

세상에 소금 남자, 설탕 여자 아닌 부부가 있을까. 쌍둥이도 성질이 다른데, 생판 모르고 살아온 사람들이니 얼마나 다양한 빛깔의 스펙트럼을 가졌을까. 그런 사람들이 부부로 살아가자니 오죽하겠나.

알콩달콩 살아가는 법은 특별하지 않다. 책 속의 남자와 여자처럼 서로의 성질을 받아들이면 된다. 설탕 여자는 소금을, 소금 남자는 설탕을!

군인들의 소울푸드

강의실 탁자 위에 색지를 깔고 과자와 시원한 음료를 차려놓는다. 장병들이 속속 들어선다. 아침나절인데도 30도를 웃도는 날이라 병사들의 구릿빛 얼굴에는 땀방울이 흘러내린다. 불볕더위 속에서도 국방의 의무를 다하는 이들이 잠깐이나마 시원한 곳에서 쉴 수 있겠다 생각하니 흐뭇함이 차오른다.

몇 년 전부터 현역군인들을 찾아가서 만난다. 입대 전 자유로웠던 청춘들이 군대 생활하고부터 사회와의 단절로 고립감을 겪을 수 있다. 문화체육관광부에서 그들이 군 복무를 무사히 마칠 수 있도록 기획한 독서 치유 프로그램의 강사로서 참여한다.

　이번 시간에는 '소울 푸드'라는 수필집을 함께 읽는다. 책에는 명사들의 추억이 깃든 음식을 소개해 놓았다. 주먹밥, 햄버거, 떡볶이, 된장찌개, 라면…. 소개한 음식을 먹으며 살아갈 기운을 얻었으며 상처 난 마음을 위로받았다는 이야기다.

　책을 읽고 나서 병사들의 소울 푸드를 들어본다. 대부분 입대를 앞두고 먹었던 음식들을 떠올린다. 처음으로 아버지와 마셨던 소주, 여자 친구와 나눈 파스타, 생일날 어머니가 끓여 준 따끈한 미역국, 늦은 밤 친구와 편의점에서 먹은 삼각김밥 등이다.

　군대는 자유롭지 못한 곳이다. 특히나 먹거리는 제한적이다. 가족에 대한 그리움과 사랑과 우정이 목말라서 마음의 허기가 지고, 진짜 배가 고파지기도 하지만 그들의 영혼과 배를 채워 줄 음식은 다양하지 못하다. 장병들이 손꼽는 음식은 군대식 햄버거인 군데리아, 조미 고추장인 맛다시, 건빵, 라면 등이다. 그중에서 으뜸은 라면이다. 라면이 사회에서 마시던 소주가 되고 파스타가 되고 미역국이 되고 삼각김밥이 된다.

　라면은 어떤 제품이라도 인기가 있다. 그중에서도 우리나라 최초의 중화요릿집인 공화춘 이름을 따서 판매되는 라면이 단연 인기다. 공화춘 컵 짜장과 짬뽕, 공화춘 봉지 간짜장, 간짬뽕은 PX

에 진열되기 바쁘게 동이 난다고 한다. 군대에서만 판매되는 공화춘 라면은 전역한 군인들의 요구가 라면 회사에 전해져 간혹 편의점에서도 판매되고 있다.

장병들에게 라면은 그저 배가 고파서 먹는 음식이 아니다. 외로움과 고독, 그리움으로 허기가 질 때, 사회에서 먹었던 음식을 떠올리며 부대에서 비교적 손쉽게 구할 수 있는 라면으로 아주 독특하게 조리해서 먹는다. 이름하여 '간화춘'과 '불화춘'이다. 간화춘은 공화춘 간짬뽕에 봉지 짜장을, 불화춘은 불닭볶음면과 공화춘 봉지 짜장을 익혀 비빈 것이다. 두 요리는 달달한 소스와 화끈하게 매운 소스가 어우러져 기가 막히는 맛이 된단다. 거기에 참치나 빅 소시지를 전자레인지에 돌려 고명으로 얹어 먹으면 이탈리안 레스토랑의 수만 원짜리 파스타의 가치를 느낀다고 한다.

그러고 보니 장병들이 소개하는 라면을 집에서 본 적이 있다. 전역한 아들이 예비군 훈련을 받고 귀갓길에 그 라면들을 사 왔었다. 어미가 준비한 밥도 마다하고 군복도 벗지 않은 채 직접 라면 요리를 해 먹는 것이었다. 라면이 당기나 보다 무심히 보고 넘겼는데 아들도 군복을 입으니 군대 시절 추억이 떠올랐던 모양이다.

군인들이 즐겨 먹는 라면 조리법은 한 가지가 더 있다. 이름마저 재미있는 뽀글이다. 라면 봉지를 뜯고 봉지에 뜨거운 물을 부어 익혀 먹는 것이다. 굵고 쫄깃한 봉지라면 맛을 보고 싶은데 형편상 냄비에 끓이지 못해 개발된, 참으로 궁즉통窮則通 철학을 보여주는 요리법이다.

뽀글이가 최고로 맛이 있을 때는 손가락, 발가락이 얼어붙는 추위에 오들오들 떨면서 야간 경계 근무를 서고 난 새벽이라고 한다. 당직사관에게 들킬까 봐 담요를 덮어쓰고 뽀글이를 먹을 때면 죽어도 좋을 만큼 무한 카타르시스를 느낀단다. 들키는 날에는 무시무시한 얼차려 징계가 따르지만 뽀글이, 그 치명적인 유혹을 떨쳐내기란 힘들다고 한다.

소울푸드는 추억의 음식이며 영혼의 음식이다. 혀끝이 아니라 가슴으로 맛을 느끼는 걸 보면 말이다. 책 속에 소울푸드를 소개한 작가들처럼 장병들도 팍팍한 삶에 지칠 때면 군대시절 희비애환喜悲哀歡의 추억이 깃든 특별한 라면이 땡기겠다. 한그릇 푸짐하게 들면서 스스로를 다독일 것이다. 그리고 몸과 마음을 다시 세워 앞날을 향해 뚜벅뚜벅 걸어 가리라.

마기꾼

 내 얼굴에 좀 더 어울리는 마스크를 찾으려고 인터넷 사이트를 뒤져보는 중이다. 흰색이 주류였던 마스크도 이제 색상과 디자인이 다양해졌다.
 뜻밖의 마스크 광고 모델이 눈길을 끈다. 모델이라면 그야말로 쭉쭉 **빵빵** 미녀들 몫이 아니던가. 하지만 이 마스크 모델은 들창코에 치아가 피라냐를 닮았다. 개그프로에서 미남 개그맨과 부부로 나와서 못생겼다고 타박 당하는 역할을 했던 개그우먼이다.
 그녀가 광고하는 회사의 마스크를 클릭해본다. 여러 가지 형태

와 색상의 마스크를 착용한 사진이 보인다. 비가 올 때 빗물이 들어갈까 염려되는 코도 가려주고 돌출된 치아도 가려주니 딴 사람 같다. 눈만 보이는 그녀의 얼굴이 아닌 게 아니라 참하게 보인다. 그녀를 처음 보는 사람이라면 미인으로 생각할 수도 있겠다.

얼마 전, 도서관 프로그램의 첫 강의 시간이었다. 오리엔테이션을 하면서 명패 만들기 시간을 가졌다. 마분지로 명패를 접고 이름을 쓰고 자화상을 그리도록 했다. 샘플로 준비해 간 내 명패를 보여주면서 얼굴의 특징을 강조해서 그리라고 일러주었다.

나는 얼굴에서 가장 신경 쓰이는 입을 두드러지게 표현했다. 내 입은 뻐드렁니 때문에 입을 다물면 돌출되어 보인다. 그나마 입술을 열고 웃을 때는 표가 덜 난다. 그래서 입이 귀에 걸리도록 웃는 모습으로 그렸다.

수강생들은 갑자기 자기 얼굴의 특징을 잡아내기가 어려운 모양이었다. 참여자 중에 이마를 싹 걷어 올려서 머리를 뒤로 묶은 사람이 손을 번쩍 들었다. 실제 내 입이 어떻게 생겼는지 궁금하다고 했다. 그리기를 선뜻 시도하지 못하는 참여자들을 위해 기꺼이 마스크를 벗어 주었다.

여기저기서 웃음과 의외의 눈빛을 보냈다. 그들의 말을 종합해 보자면 마스크를 낀 내 모습은 얌전하게 보이는데, 마스크를 벗으니 너무 씩씩해 보인단다. 아, 이 반전 표현은 분명 긍정적인 의미가 아니다. 순간, 마스크 벗은 걸 후회했지만 이미 엎질러진 물이었다.

마스크 착용이 일상화되면서 마스크와 관련된 신조어들이 생겼다. 그중에 '마기꾼'이라는 말이 있다. 마기꾼은 마스크와 사기꾼의 합성어로, 마스크를 착용할 때는 얼굴이 예쁘거나 멋있게 보이지만 마스크를 벗으면 전혀 그렇지 않은 사람을 일컫는다.

마기꾼의 실체를 입증하는 연구 결과도 나왔다. 영국의 어느 대학 연구에 의하면 외모 호감도가 낮은 사람이 마스크를 낄 경우에 맨얼굴일 때보다 매력 평가 지수가 올라간다는 것이다. 과장을 일삼는 뇌의 작동 원리가 마스크로 가려진 얼굴을 멋지게 상상하기 때문이란다.

그러니까 그 마스크 모델과 나는 마기꾼인 셈이다. 사실, 못난 부분을 가려주니 마스크의 덕을 톡톡히 본다. 그 개그우먼을 모델로 쓴 마스크 회사 사장은 탁월한 선택을 했다고 볼 수 있다. 못난 사람도 예쁘게 만들어준다는 전략이 성공했으니까.

지금은 일부 장소만 제외하고는 실내에서도 마스크 의무 착용이 해제된 상황이다. 그럼에도 사람들은 꾸준히 마스크를 착용한다. 바이러스 차단이 우선이겠지만 여러 해 착용하던 습관과 얼굴에 신경을 덜 써도 되는 편리함과 더불어 마기꾼 효과 때문이라고 한다면 억지려나. 마스크 착용이 생활화 된 '호모마스크루스' 시대가 한동안 이어질 것만 같다.

할머니라고?

　겨우내 쉬고 있다가 봄이 되어 다시 유치원에 나간다. 아이들을 다 키워놓은 나이에 무슨 유치원이냐고 하겠지만 이유가 따로 있다. 유치원 아이들에게 동화책을 읽어 주기 위해서다.
　다섯 살 아이들이 있는 교실 문을 연다. 꼬맹이들이 줄지어 앉아 문 여는 소리에 고개를 쭉 뺀다. 세상에 어떤 꽃이 이들보다 예쁠까. 제아무리 아름다운 꽃이라도 아이들 앞에서는 울고 가겠다. 사랑스러워 내 입이 저절로 벙근다. 지인들이 손주 자랑할 때의 그 미소를 알 것 같다.

아이 중, 유별나게 앙증맞은 한 아이에게 마음을 뺏긴다. 가까이 다가서자 내 마음을 아는지 저도 손뼉을 치면서 나를 반긴다. 인사꽃에 취해 뭉게구름을 타고 둥실둥실 떠가는 기분이 된다. 하지만 달뜬 마음은 그 꼬마의 뜻밖의 인사에 폭삭 사그라지고 만다.

"할머니, 안녕하세요?"

순간, 나는 당혹스러워 얼굴이 뜨거워진다. 아이들의 담임선생님은 상황을 수습하려고 그 아이에게 나를 동화 선생님이라고 일러준다. 나도 아무렇지 않은 척 얼른 한마디 덧붙인다.

"우리 친구, 집에 할머니랑 선생님이 많이 닮았나 보네."

하지만 기분은 영 살아나지 않는다.

얼마 전, 한 동료가 나와 같은 경험을 토로한 적이 있었다. 그때는 나하고 상관없는 일인 양 여기며 그 사람의 심정을 헤아리지 못했다. 하지만 할머니라는 말은 듣지 않도록 주의해야겠다는 마음가짐은 생겼다.

동료의 이야기를 듣고부터는 유치원에 갈 때 신경을 썼다. 아이들과의 간극을 줄여보려고 큼직한 리본 장식 머리핀을 꽂고 귀걸이도 동물이나 꽃으로 된 것을 사용했다. 옷도 알록달록하게 입었다. 나름대로 정성을 기울였는데 할머니 소리를 들었다.

집으로 돌아와 전신 거울에 나를 찬찬히 비춰 본다. 내가 정말 할머니 모습인지 최대한 객관적으로 바라볼 요량이다. 위에서 죽 훑어보니 가관이다. 까맣고 수북하던 머리숱은 시나브로 빠져서 쥐어보니 엉성하고, 눈꺼풀은 처져서 쌍꺼풀을 덮고 있다. 갸름하던 얼굴 모양도 살이 쪄서 넙데데하다. 아무리 봐도 배나 가슴이나 불룩한 정도가 비슷하다. 요리조리 비춰 봐도 영락없는 H라인 몸통이다.

그러고 보니 노화로 나타나는 현상이 여럿이다. 밥을 먹을 때 입속에 들었던 음식 조각을 흘리기도 하고, 젓가락으로 찬을 집을 때 꼭 집지 못해 떨어뜨리는 일도 잦다. 면역력이 떨어져 실바람에도 기침이 나고, 약간만 더워도 땀이 줄줄 흐른다. 손에 들었던 것도 놓고 다니기 일쑤다. 하도 잘 잊어버려 기록을 해두지만, 그 사실마저도 까맣게 잊으니 하나 마나한 일이 된다. 보다 못한 옆지기가 한마디 한다. 그나마 중요한 것이 몸에 붙어 있어 다행이지 안 그랬으면 어쩔 뻔했냐며 면박을 준다.

현재 내 겉모습과 속사정은 노화가 분명한데 할머니라는 호칭은 아주 먼 미래에 해당하는 것이라고 여겼다. 그도 그럴 것이 내가 몸담은 대부분 모임에는 나이 지긋한 사람들이 많다. 나보다 새파란 사람은 거의 없다. 부부 동반 모임에도 남편과 나이 차이가 좀 있어서 거기서도 나는 아우로 불린다. 생활이 그런 관계로 할머니라는 호칭은 나와 아무런 관계없다고 여겼다.

여태껏, 내 모습이 고모나 이모 정도로 보일 거라고 착각하며 살았다. 미혼 시절, 열 살 차이가 나는 언니는 볼일을 보러 가면 조카들을 내게 맡기곤 했다. 볼일을 보러 갈 때마다 혼자 다니지 않고 꼭 같은 아파트에 사는 동년배 아줌마들과 어울려 가곤 했다. 그러면 언니와 동행하는 사람들의 아이들도 자동으로 내게 맡겨졌다. 조무래기들은 내가 동화책을 읽어주면 병아리같이 입을 쏙 내밀며 이모, 이모했다. 그때 불렸던 이모라는 호칭이 아직도 머리에, 가슴에 콕 박혀 있기 때문이다.

가만 생각해보니 나는 이미 옛날부터 할머니긴 했었다. 어릴 적 고향은 집성촌인지라 친구들이 다 친척이었다. 촌수를 따지면 나는 친구들에게 할머니뻘이 되었다. 같이 장난치며 놀 때 내 의향이 반영되지 않을 때면 할머니 말이니 따르라고 엄포를 놓았던 기억이 있다. 그때의 할머니라는 호칭은 내 어깨에 뽕을 넣어주었기에 즐겨 써먹곤 했었다.

몇 년 전부터 동창회에 나가고 있다. 손주 자랑에 도낏자루 썩는 줄 모르는 친구들이 하나, 둘 늘고 있다. 최근에는 조카가 쌍둥이를 낳아서 나도 졸지에 이모할머니가 되었다. 내 아이들도 장가들 나이가 돼서 친할머니가 될 날도 그리 멀지 않다. 무엇보다 주변을 둘러보면 나보다 젊은 할머니들을 자주 본다. 지금 내 나이, 모습과 행동거지는 다섯 살 아이에게 할머니 소리를 들어도 억울할 상황이 아닌 것은 틀림없는 사실이다.

   관계에 의한 할머니가 아닌 남으로부터 들어보는 할머니 소리에 깜짝 놀랐다. 하지만 사람은 누구나 늙는다. 늙지 않으려고 몸부림치던 진시황도 세월을 어찌지 못했다. 앞으로 할머니 소리 듣는 일은 점점 더 늘어 가리라. 두 번, 세 번 듣다 보면 익숙해질 것이다. 머지않아 나는 아이들에게 동화책 읽어주는 할머니로 불리겠다. 하지만 꽃보다 예쁜 아이들 속에 둘러싸여 책을 읽어주면서 마음만은 그들과 동화될 수 있기를 소망한다.

   첫사랑, 첫눈, 첫 번째…. 첫 경험은 언제나 평온하던 마음을 출렁이게 하고 인생의 마디를 짓는다.

엄
옥
례
수
필
집

세상 사람들과 사물들에게 눈맞춤하며
무럭무럭 피어오르는 그리움과 애처로움,
사랑과 감사의 정서로 글을 지었다.

우리시대의 수필 작가선 111

사와르 선인장

엄옥례 2024

인쇄일 | 2024년 11월 25일
발행일 | 2024년 11월 30일

지은이 | 엄옥례
발행인 | 이유희
편집인 | 이숙희
발행처 | 수필세계사
인쇄처 | 포지션

출판등록 | 2011. 2. 16 (제2011-000007호)
주소 | 41958 대구광역시 중구 명륜로 23길 2
연락처 | Tel (053) 746-4321 / Fax (053) 793-8182
E-mail | essaynara@daum.net

값 13,000원
ISBN 979-11-93364-11-6

* 본 서적은 2024년 대구문화예술진흥원 문학작품집 발간사업 지원을 받았습니다.